O PALHAÇO E O PSICANALISTA

2ª edição
21ª reimpressão

Christian Dunker   Cláudio Thebas

O PALHAÇO E O PSICANALISTA

COMO ESCUTAR OS OUTROS PODE TRANSFORMAR VIDAS

PAIDÓS

Copyright © Christian Dunker, 2021
Copyright © Cláudio Thebas, 2021
Todos os direitos reservados.

Preparação: Juliana de A. Rodrigues
Revisão: Thiago Fraga, Diego Franco Gonçales, Project Nine Editorial e Karina Barbosa dos Santos
Diagramação: Triall Editorial Ltda
Ilustrações de miolo: Alexandre Santos e Shutterstock
Capa: Filipa Damião Pinto e Eduardo Foresti | Foresti Design

Dados Internacionais de Catalogação na Publicação (CIP)
Angélica Ilacqua CRB-8/7057

> Dunker, Christian
> O palhaço e o psicanalista: como escutar os outros pode transformar vidas / Christian Dunker, Cláudio Thebas. – 2. ed. – São Paulo: Planeta, 2021.
> 256 p.
>
> ISBN 978-65-5535-283-2
>
> 1. Escuta (Psicologia) 2. Comunicação 3. Relações humanas 4. Empatia I. Título II. Thebas, Claudio
>
> 21-0045   CDD 153.68

Índice para catálogo sistemático:

1. Escuta (Psicologia)

Ao escolher este livro, você está apoiando o manejo responsável das florestas do mundo

2024
Todos os direitos desta edição reservados à
EDITORA PLANETA DO BRASIL LTDA.
Rua Bela Cintra 986 – 4º andar – Consolação
São Paulo – SP – CEP 01415-002
www.planetadelivros.com.br
faleconosco@editoraplaneta.com.br

Dedicatória do palhaço
Para meus pais, Ignez e Nelson Thebas, que sempre nos ensinaram a escutar com o coração.

Dedicatória do psicanalista
Minha mãe faleceu há três anos. Se neste livro há algo da alegria que ela me passou é porque foi feita da tristeza e da saudade que sua partida criou.

Sumário

SOBRE ESCREVER O PREFÁCIO DE UM LIVRO SOBRE ESCUTA 9
PREÂMBULO..13
O COMEÇO: VERSÃO DO PALHAÇO 17
O COMEÇO: VERSÃO DO PSICANALISTA 20
APRENDENDO A ESCUTAR...24
A MARGINALIDADE DOS PALHAÇOS..30
A IMPLICAÇÃO DOS PSICANALISTAS 37
"DEPOIS QUE A GENTE BRINCA, A GENTE FICA AMIGO" 48
A ESCUTA LÚDICA COMO JOGO DE LINGUAGEM 51
O PACTO DA ESCUTA HOSPITALEIRA...57
O HOSPITAL DA ESCUTA VIAJANTE 61
A ESCUTA QUE CURA E O TEATRO DA LOUCURA...........................65
A ESCUTA HOSPEDEIRA 71
DIÁLOGO, ELOGIO OU JULGAMENTO 74
POR QUE O SAPATO DO PALHAÇO É GRANDE?.............................78
SETE REGRAS PARA SER MELHOR ESCUTADO.............................81
CASO CLÍNICO: O FALSO VULNERÁVEL E O SEU PIT BULL DE ESTIMAÇÃO 92
OS QUATRO "AGÁS" DA ESCUTA..95
A POTÊNCIA DO SILÊNCIO 101

SIMPATIA NÃO É EMPATIA 107
COMO CONSTRUIR PARA SI UM ÓRGÃO DE ESCUTA 112
CAFÉ COM URSO OU SEM URSO? 117
ENCRENCA, LOGO, OPORTUNIDADE 123
CUIDADO OU CONTROLE? 129
NADA COMO UM DOBERMANN PARA QUE EU FAÇA TUDO MELHOR 133
A ARTE CAVALHEIRESCA DE ESCUTAR UMA REUNIÃO 137
FUNÇÕES DA LINGUAGEM E LUGARES DE ESCUTA 140
O TÁXI DO PSICANALISTA 149
EDUCADOS PARA A SOLIDÃO SILENCIOSA 153
COMPETIR OU COOPERAR? 156
TRÊS PERGUNTAS MÁGICAS 159
SETE ESCUTAS DA LÍNGUA TUPI 163
A ARTE DE PERGUNTAR 167
FALA QUE EU NÃO TE ESCUTO 172
SETE, TRINTA E OITO, CINQUENTA E CINCO (7-38-55) 177
"BRINCO, LOGO, ESCUTO": A ESCUTA LÚDICA 182
O RELÓGIO DO PAI 187
ESCUTANDO PELA PRIMEIRA VEZ 190
OS QUATRO TEMPOS DA ESCUTA LÚDICA 198
A ABOMINÁVEL ARTE DE NÃO ESCUTAR OS OUTROS 204
MANEIRAS PRÁTICAS DE DOMESTICAR O ABOMINÁVEL QUE EXISTE
   EM VOCÊ 212
ESCUTANDO CLASSES, GÊNEROS, RAÇAS E OUTRAS DIVERSIDADES 216
A ESCUTA EM AMBIENTE DIGITAL 221
ESCUTANDO CHATOS, FASCISTAS E OUTROS FANÁTICOS 227
O LÍDER ESCUTADOR 234
A CORAGEM E O DESEJO DE ESCUTAR 239
TEORIA DA ESCUTA 243
VOCÊ HOSPEDEIRO 251
AGRADECIMENTOS 253
POSFÁCIO 254

Sobre escrever o prefácio de um livro sobre escuta

Fui gentilmente convidada a escrever o prefácio do livro *O palhaço e o psicanalista* de Christian Dunker e de Cláudio Thebas. Logo me coloco naquela posição de que esta é uma tarefa grande demais, que não saberei o que escrever até chegar o dia em que os editores não puderem mais esperar. Pois é, este dia chegou... nasceu um sol maravilhoso, estou aproveitando meu último dia de férias e, sentada em um bote inflável, de frente para o mar, *laptop* no colo (onde ele sempre deveria estar, já que tem este nome...), me proponho a escrever.

Li o livro aos bocados. E acho que você, que agora me lê, o fará assim também. Logo no começo, os escritores [autores] nos fazem uma provocação... escrevem como dois escritores distintos, mas, ao final da leitura, não podemos mais saber onde escreve um, onde pensa outro. No meu caso, sem dar nenhum tipo de *spoiler*, adianto que isso não funcionou. Conheço bem demais os autores para me deixar enganar por esse truque.

Também no início do livro, eles contam, cada um a seu modo, como se conheceram. Nessa hora, fico pensando... é real a ideia de que todos os fatos têm mais de uma versão. Cada um trouxe a sua e eu tenho a minha, que é a verdadeira, é claro!

"Quando você escuta os sussurros que a vida dá, ela te presenteia."

Desde que conheci Thebas, a cada palavra que ele falava, a cada questão incrível que ele me trazia, a cada jeito de aprofundar a conversa, sem deixá-la chata e obscura, eu pensava: *Christian precisava conhecer esta pessoa...*

É, de novo eu tinha razão!

A escuta do palhaço e a escuta do psicanalista são fundamentais para entendermos como se dão as relações humanas. A escuta que se dá por outras vias, que não se confunde com o que se passa exclusivamente no ouvido. E a orelha amplifica... amplifica o som para ouvirmos melhor. E eu, aqui, fazendo o papel da orelha... amplificando a escuta que, de uma forma ou outra, consegui produzir em meus encontros com cada um.

O dia vai passando e o sol me faz lembrar de que tenho corpo, que sou mais do que orelha e que... me queimo. Mudo de bote e sento-me à sombra.

Sigo lendo o livro e vou me deparando com modos diferentes de se pensar sobre as relações com desconhecidos, as que se dão entre amigos, entre amantes, entre colegas de trabalho e entre esposos. Reconheço-me em muitos deles... entendo outros tantos que antes não tinha sido capaz de escutar. Às vezes, precisamos do texto para que a escuta se dê.

Agora sei por que meu marido vez ou outra fecha a cara quando está lavando a louça... é, não tem nada a ver com o fato de eu ter falado a ele que deveria fazê-lo, claro! É apenas o homem das cavernas...

Penso também sobre meu papel de educadora, de diretora de escola e de empresária. Tantas denominações diferentes para quem mergulha no trabalho, cotidiana e apaixonadamente, sem sequer lembrar-se de que se formou também para a escuta. Sou psicóloga de formação, e escutadeira em geral. Crio todo dia modos diferentes de trabalhar e sinto que o dia foi bom quando consegui ter ao menos um bom encontro. A escola também se faz de encontros todo o tempo, assim como o consultório, o picadeiro ou a rua.

Que tipo de liderança será que eu exerço? Sonho com o dia em que eu puder sentir que exerço meu papel de liderança como os líderes descritos no livro:

> "(...) que conseguem colocar no centro de sua experiência com o outro uma espécie de não saber. É porque eles não sabem exatamente como agir que se orientam para pedir ajuda, que criam grupos de trabalho para si, aos quais respeitam genuinamente, pois sabem que dependem de cada qual para chegar a algum lugar. Um líder escutador tem por contraste o líder que fala, o condutor e maestro que com seus longos discursos e com sua atitude em geral controladora dirige as pessoas, mas não dirige o processo."

Como criar um ambiente onde crianças e adolescentes e professores possam ver sua voz circular, possam escutar e ser escutados em seus encontros, uns com outros e com o conhecimento? Escutar vez ou outra parece ter a ver também com aquela sensação de que, ao nos depararmos insistentemente com alguma explicação, ou com a reflexão sobre uma boa pergunta, de repente temos um estalo. Bingo! Agora entendi! Algo da escuta se deu aí.

E como criar um ambiente onde os invisíveis tenham voz e sejam escutados? Penso que conseguimos isso um pouquinho a cada dia. Nossos alunos e alunas saem da escola sabendo que cuidar do outro é muito mais do que dar bom dia para o porteiro. É relacionar-se com ele de fato, é escutá-lo vez ou outra e contar com seu olhar também educativo dentro da escola. Isso é um orgulho!

Mas falta, falta sempre... O desafio de trazer para perto aqueles que trabalham numa empresa é muito maior do que os nomes que damos a seu grupo. Empregados, funcionários, equipe e colaboradores são palavras que, como está bem dito no livro, precisam de maior atenção. Cada uma delas aponta para um aspecto da relação entre pessoas e instituições. Cada uma tem seu ponto forte e ponto fraco. Precisamos garantir que estes pontos circulem, que a colaboração seja de verdade, por conta de uma sensação de pertencimento ao projeto, mas que também não deixe a impressão de que quem colabora está de passagem... O projeto é de quem está, é permanente! *Empregado* é aquele que tem um emprego, portanto tem direitos e deveres de todos os trabalhadores. O *funcionário* que funciona pode ser um bom colaborador, mas precisa se reconhecer ali. O termo *equipe* parece borrar vez ou outra as diferenças. Há que se lembrar sempre de que equipes são constituídas de indivíduos singulares e lidar com essas diferenças é um enorme desafio. Ora, pois, as relações de trabalho não são simples mesmo, assim como não é a lida com as diferenças, mas, fazê-las avançar, produzir movimento, é o que pode transformar a vida do trabalho numa vida interessante, assim como a análise pode ajudar a dar movimento à vida do analisante.

Os tempos em que vivemos precisam de maior cuidado. Como dizem os autores, "Quem escuta se faz testemunha e portador de um patrimônio que, no fundo, poderia ser de todos nós e que alguns chamam de cultura, outros, de memória coletiva [...]".

Precisamos de embaixadores dessa escuta, como Christian e Thebas, que nos ajudam a tornar comum o que é de cada um, para que possamos fazer circular palavras e afetos, produzindo grandes encontros, como este que eu orgulhosamente posso dizer que produzi.

Boa leitura e belos encontros.

Ana Cristina Dunker
Diretora da Escola Carandá Vivavida,
esposa do Christian e amiga do Thebas

Preâmbulo

A gente nunca soube de um casamento que tenha acabado porque ela não tinha ideia de onde ficava Trinidade e Tobago, o cara se atrapalhava ao cortar cebolas ou um dos dois não sabia trocar o pneu do carro. Esse tipo de coisa a gente já fica sabendo no primeiro mês de namoro. Da mesma forma, nas empresas, grande parte das promoções ou demissões não se dá por competências ou incompetências técnicas. Isso se descobre no currículo, na entrevista ou no período de experiência. O bicho pega mesmo é no relacionamento. E relacionamentos são feitos de palavras e encontros.

Infelizmente ainda são poucas as escolas que consideram que preparar alguém para a vida ou para o mercado de trabalho é muito mais do que ensinar matemática, português ou geografia. Todo e qualquer conteúdo que aprendemos vem junto com uma forma de escutar e de dizer. E é dessa forma – você vai ver neste livro – que ainda aprendemos que escutar é obedecer e falar é mandar. Assim forma-se o conceito "quem sabe fala, quem não sabe escuta". Como se escutar fosse próprio do lugar do subalterno. O resultado desse despreparo nós vemos todos os dias. Uma sociedade individualista, competitiva ao extremo e com enormes dificuldades de convívio harmônico. Essas dificuldades desmoronam casamentos, detonam a vida no trabalho e minam os melhores projetos e intenções.

Maridos e esposas, companheiros e camaradas, filhos e pais, colegas e colaboradores, clientes e fornecedores, parceiros e *brothers*: todas essas palavras formaram-se junto com o que significa "escutar". Expectativas de expressão, de ocupação de lugares de fala, de autorização e valorização da palavra, definem a cooperação ou o antagonismo, a convivência ou intolerância. O desejo genuíno de aprender *como escutar os outros* e de aprender isso *com o outro* é um ponto de partida ético fundamental para qualquer forma de vida que se considere comum, mas é também o ganha-pão e o modo de vida de dois personagens que se encontraram neste livro: o psicanalista, que passa o dia a escutar o sofrimento e os desejos dos outros e o palhaço, que dedica sua existência a nos fazer escutar de outra forma a comédia e a tragédia humanas.

Muitas pessoas sentem-se perdidas quando descobrem a complexidade e a importância de escutar o outro. Às vezes, isso adquire contornos dramáticos, quando uma avaliação profissional aponta essa dificuldade como um sério empecilho para a carreira de alguém, ou quando a esposa ou o marido bate à porta com a separação iminente.

A vida em ambientes onde pessoas não se escutam torna-se gradualmente insalubre, chata e um fermento permanente para a agressividade. Encontros familiares, funcionamentos institucionais de grupo ou de massa, além de plataformas digitais, são particularmente vulneráveis ao fracasso da escuta. Isso acontece porque, em geral, ninguém quer abrir mão de sua posição e vai, para tanto, confirmando a posição correlata do outro, que justifica e solidifica lugares e argumentos.

Em vez de entrar com cuidado na casa alheia, pedindo permissão e perguntando, nos colocamos de forma arrogante, impondo nosso mundo e nossos valores. Como agimos assim, autorizamos o outro a fazer isso também. Porta que abre para um lado abre para o outro. Portanto passamos a nos defender e colocar palavras na boca das pessoas. Insistimos em criticar, menosprezar e atacar o outro, por meio de uma comunicação violenta e que ignora solenemente o ponto de vista alheio.

Isso ocorre em uma espécie de crescente. Primeiro perdemos a polidez, depois a etiqueta, em seguida o cuidado com o outro. Finalmente estamos esbravejando coisas imorais sem nos darmos conta. O que obviamente dá razão e justificativa para que façam o mesmo conosco.

Cedo ou tarde, estão os dois lados gritando que foi o outro quem começou e um dizendo que o outro o incitou a fazer o que está fazendo. O fenômeno coletivo da "desescutação" mútua sempre se baseia no sentimento de que cada lado está "apenas" reagindo ao outro. Assim que se criam os novelos familiares, amorosos e laborais, que se reproduzem por si mesmos, indefinidamente. O espelho está para o narcisismo assim como o eco está para a "desescutação".

Livros sobre escuta surgem nesse cenário como manuais que servem apenas a quem não precisa mais deles. Esperamos que este livro ajude você a valorizar a importância da escuta como um tratamento social e psicológico dos conflitos, mas também como uma forma de tornar a experiência humana mais rica e interessante.

1 | O começo: versão do palhaço

Eu não sei dizer nada por dizer, então eu escuto...
Secos e Molhados, "Fala", 1973.

Tudo começou com três convites, um susto, e três "sins".

O primeiro convite foi meu para o Christian. Na verdade, um convite coletivo. Sou coordenador de um projeto chamado Escola dos Pais, que se dedica a elaborar e compartilhar experiências de mães e pais no contexto da educação de seus filhos. Falando sobre desafios, alegrias e angústias que envolvem maternidade e paternidade, chegamos a uma etapa na qual convidamos um especialista para nos ajudar a escutar as inquietações do grupo naquele momento. Logo surgiu um nome: Christian Dunker.

Eu já tinha ouvido falar dele, sabia que era psicanalista e tal, mas, agora que ele seria nosso convidado, tratei de pesquisá-lo na internet. Encontrei várias entrevistas, artigos, teses, mas uma coisa me surpreendeu: ele tinha um canal no YouTube. *Mundo moderno*, pensei. A primeira coisa que me chamou atenção, ainda antes de assistir a qualquer vídeo, foi a quantidade de *views*. Achei curioso um canal de psicanálise ter tantos acessos. Pensei: *Ou o mundo tem muito psicanalista ou tem muita gente precisando*. Ou os dois. Cliquei para assistir a um dos vídeos e fiquei surpreso. Não tinha ninguém deitado num divã com uma caixinha de lenços ao lado. Não era chato como eu julguei que pudesse ser, nem acadêmico, nem muito cabeçudo. Nada disso. Só o Christian falando para a câmera. Melhor: ele falava de temas complexos, profundos, filosóficos... e eu entendia! Estava claro agora o porquê do sucesso: os vídeos eram para todo mundo. Tipo papo de bar, só que em vez de falar do Neymar ou do Cristiano Ronaldo, ele falava de outros caras: Freud, Lacan, Sartre, Sócrates, o filósofo, mas bem que podia ser o jogador, tamanha a informalidade da abordagem. Falava de um jeito que era possível escutar sem se sentir numa sala de aula. Virei fã e mais um número na contagem de *views*.

Alguns dias depois, veio o primeiro dos três "sins": ele tinha topado ir ao nosso encontro. Fácil assim. Ficamos muito felizes. Os dias se arrastaram até que finalmente chegou aquela noite. Estávamos todos excitados, falando pelos cotovelos, arrumando tudo muito bonitinho, parecendo crianças aguardando o Papai Noel. Na hora combinada, avisaram-me que ele tinha chegado. Coração pulou. Eu tinha virado fã do cara e agora ele estava ali, prestes a falar comigo. Vesti minha cara de anfitrião e fui recebê-lo. Prazer, boa noite, bem-vindo, essas coisas que todos esperam escutar e dizer nesse tipo de encontro. Rompendo minha timidez e sem fazer rodeios, ele disparou: "*Caaaara*! Gosto muito do seu trabalho, topa dar um curso comigo na Casa do Saber?".

Foi exatamente assim, de repente, sem preliminares.

Entrei na *vibe*. Igualmente rápido e sem pestanejar, respondi ao segundo convite com um segundo sim: "Claro! Quando? Ah!... Sobre o quê?".

Um mês depois, estávamos lá, falando sobre "Como escutar os outros", tema que definimos ainda naquela primeira noite. O curso foi bacana e divertido, aparentemente para nós dois. Mas o susto aconteceu bem no finalzinho do encontro, quando já estávamos nos despedindo dos participantes. Empolgado com a receptividade da pequena plateia, o Christian anunciou: "Nós vamos lançar um livro juntos!".

Tive a impressão de que se fez uma breve pausa no tempo. Mas acho que foi no meu cérebro. Apenas assenti com a cabeça como se eu soubesse daquilo havia séculos. Alguns minutos depois, enquanto a gente tomava a primeira margarita da minha vida (e também a última, espero), eu lasquei o terceiro sim deste começo:

"Christian, vou começar a escrever amanhã mesmo. Tem ideia de como o livro pode chamar?".

2 | O começo: versão do psicanalista

> *Um exercício Zen tem relação com a realização subjetiva de um vazio. Às vezes se realiza por meio de uma palavra, de uma frase, uma zombaria, um pontapé na bunda. É certo que essas espécies de pantalonadas ou palhaçadas somente fazem sentido com relação a uma longa preparação subjetiva [...]*
> Jacques Lacan, *O Seminário, Livro XIII: O objeto da psicanálise*, 1965

No começo dos anos 2000, uma companhia de teatro fez a nossa cabeça com uma ideia muito simples e irresistível. Eles pegavam brincadeiras, dessas que fazíamos quando criança, e aplicavam diretamente em escala de massa em um auditório lotado, digamos por quinhentas pessoas. Gente correndo pelas alamedas, subindo nas cadeias, descendo e subindo ao palco, às vezes divididos em grupos ou com cartazes envolvendo manifestação interativa em ato, com uma sensação bizarra de falta de roteiro. O grupo chamava Jogando no Quintal e não havia quem não se espantasse com a força da simplicidade do esquema proposto.

Aconteciam coisas incríveis sem ensaio, envolvendo, por exemplo, perguntar algo a algum anônimo na plateia e, logo em seguida, desenvolver uma tirada inesperada que não podia ter sido ensaiada. A coisa emanava na hora, era improvisação pura. Eu estava começando a dar aula de Clínica e Psicoterapia e acompanhava meus primeiros alunos em seus primeiros contatos com pacientes. Achava difícil explicar para eles como a gente adquire essa habilidade de escutar em tempo real, de arriscar com palavras, acolhendo e devolvendo o que a pessoa diz de forma a ajudá-la a se escutar melhor. Saí daquele quintal com a convicção de que tinha que tornar aquela peça obrigatória para eles.

Contato e improvisação, *clown*, peças no porão escuro da Pinacoteca do Estado ou então em uma sala de jantar de um semiteatro, no bairro do Bixiga ou na praça Roosevelt, dos Sátiros ou Parlapatões, estavam começando a se notabilizar pela cidade. Cláudio Thebas era um dos caras do Jogando no Quintal. Foi assim que meus amigos do mundo das editoras de livros infantis me falaram dele quando faturou um prêmio de literatura infantil.

Em outubro de 2017, quando nos preparávamos para fazer uma intervenção de escuta junto aos refugiados da construção da barragem de Belo Monte, espalhados pela cidade de Altamira, no Pará, alguém me falou de um grupo de palhaços paulistanos que havia feito o mesmo em 2011, quando a região serrana do Rio de Janeiro foi seriamente atingida pelas chuvas, deixando milhares de vítimas. O grupo se chamava *Forças Amadas* (sem r). E quem era um dos integrantes do grupo? Ele de novo, o tal do Cláudio Thebas. Pensei em contatá-lo para que ele pudesse me contar como havia sido a experiência, mas o corre-corre movido a urgências acabou impedindo que isso acontecesse.

Seis meses depois, cheguei em casa, vindo da Universidade de São Paulo (USP), em um daqueles dias que parece que instalaram uma colmeia de abelhas na sua cabeça. Um desses começos de noite em que você se lembra de Tom Wolfe narrando a ressaca do protagonista em

Fogueira das vaidades. Seu cérebro foi serrado ao meio e substituído por uma rede de circuitos dando mau contato e com o disjuntor desligado. Dentro da sua cabeça há uma lava movente e no centro um ovo frito boiando. Cada vez que o ovo toca em uma das bordas, você toma um choque elétrico. Quando fica quietinho, a lava lá dentro se mexe, avisando que tem vida própria.

É uma hora perigosa para o casal. Desrespeitando avisos de "obras" e "mantenha distância", ela veio com aquela conversa de trivela. "Sabe aquele grupo que eu te falei lá da escola?" Eu devia saber, mas obviamente não me lembrava. Confessar ou mentir? Tentar empate técnico: "Humm". A bola passou. "Então, os pais estão conversando sobre paternidade... maternidade, é superlegal, você não acha?" Porteira que passa um boi, passa uma boiada. Mandei outro "Humm". A bola passou de novo. Desta vez, começou um novelo de palavras e as abelhas começaram a entrar em eletrocussão voluntária com o ovo flutuante. Passei para a fase prática de leitura labial e as palavras dela viravam trilha sonora. Então veio o cruzado de esquerda bem no fígado: "Então, topa ir lá falar com eles?". Quase caí da cadeira: "Mas justo eu?". Ganhar tempo e se recompor é importante nessa hora. Veio a notícia fulminante: "É, você, lá com o... Cláudio Thebas!".

Foi a senha para a derrocada final e o massacre do Homem das Cavernas: "Mas como assim? Como que você nunca me disse que o Cláudio Thebas trabalha na sua escola?".

Cinco semanas depois, eu batia o olho no tal Pokémon Lendário e na hora percebi por que o sujeito sabia fazer o que eu achava que ele sabia fazer: escutar. Tinha pais, bolo e biscoito, gente legal por todo lado, mas o cara era craque. Eu meio "serião" e ele "zoando" na rebatida. Branco e Augusto,[1] Dedé e Didi, o Gordo e o Magro, um clássico da arte da comédia.

---

1. Branco e Augusto são tipos que formam a dupla clássica da palhaçaria. O Branco se acha. É autoritário, mandão, cheio de si e possuidor de todos os saberes. Já o Augusto é tonto, atrapalhado e vive colocando o Branco em confusão. Ambos expõem, cada qual do seu jeito, o ridículo e a inadequação, condições essenciais de nossa humanidade. (N.A.)

Quando você se sente escutado, você quer mais. E quando você acha que escuta, o outro quer mais também. Quando essas duas coisas acontecem, eu tenho para mim uma regra: avance para a próxima casa, mesmo que isso seja imprudente. Sou meio impulsivo na escuta e isso nem sempre me ajuda como psicanalista. Coloquei a ideia de darmos um curso juntos. Vi aquele olhar dele 90% em letras amarelas piscando "Mentiroso, diz isso para me agradar". Mas vi também os 10% verdes dizendo: "Será mesmo que tem outro louco como eu por aí?". O curso rolou e rolou mesmo. Sem muito preparo ou roteiro, mas ficou bom e o principal foi: brincando, a gente se entendeu. Fiquei intrigado com isso. O que é que nós sabíamos fazer sem saber direito como é que fazíamos? Resolvi dobrar a aposta e tentar descobrir o que sabíamos fazer de tão parecido na arte da escuta. Tinha algumas coisas óbvias: foco no outro, atenção ao tempo, cuidado com as palavras, inversão de perspectivas e violação calculada de expectativas. Mas o principal não estava claro.

E assim começou este livro.

No momento em que ele estava quase pronto, testamos a fórmula na inauguração do teatro na Escola Superior de Propaganda e Marketing de São Paulo (ESPM). Ali, eu estava jogando fora de casa. Era um palco de verdade, com umas 300 pessoas e nós de novo, sem roteiro e com o livro descosturado na cabeça. Na verdade, íamos testar o livro para ver se ele ficava de pé mesmo. Ali também aprendi que, quando a gente se escuta, surge uma espécie de confiança que faz da experiência de estar junto o centro de gravidade da história. A situação de vulnerabilidade ajuda muito a confiar no outro e torna a escuta mais aguda e decisiva. É assim também que o desejo de transmitir a escuta torna-se a tentativa de incluir mais gente na brincadeira.

Nunca me esquecerei do comentário de uma ex-aluna, que estava na plateia e, por coincidência, depois do curso de psicologia, havia se tornado atriz profissional e palhaça: "Chris, está tudo ótimo, funciona, mas na boa... o Thebas é melhor psicanalista do que você é palhaço". Fui para casa pensando: *Acho que ela tem razão. Preciso ser mais palhaço para me tornar melhor psicanalista.* É o que estou aqui tentando.

3 | Aprendendo a escutar

Se de médico e louco todo mundo tem um pouco, de psicanalista e palhaço todo mundo tem um pedaço.

Um lado, associado ao psicanalista, de bom ouvinte, inteligente e conselheiro e o outro, mais bocó e amigo, que costuma aparecer inesperadamente fazendo rir sem que se saiba direito por quê.

Este livro resulta do encontro entre esses dois lados disparatados de olhar para o mesmo problema: como escutar os outros? Depois do encontro na Carandá Vivavida e na Casa do Saber, passamos a nos encontrar periodicamente, sem margaritas, mas com algumas garrafas de vinho. Reconfirmamos a ideia inicial de que a parte do psicanalista no palhaço e a parte palhaço do psicanalista têm em comum praticar a escuta como uma espécie de brincadeira séria que transforma as pessoas. É isso que chamamos de escuta lúdica, que consideramos como uma antessala para a escuta empática. Apoiamos nisso nossas pesquisas ao longo de anos de convivência e encontros com pais, alunos, empresários, pacientes e público, de teatro de rua e psicanalítico em geral. Somos ambos escutadores profissionais. Escuta é nosso ganha-pão cotidiano. Nossas trajetórias nos tornaram faladores, palestrantes e escritores, mas a arte comum que praticamos é muito mais a da escuta. A escuta das pessoas em seus mundos, em meio à alegria e miséria, passando do sofrimento para a capacidade de mudar o mundo e a nós mesmos. Freud, pai da psicanálise, dizia que ela é a arte de transformar o sofrimento neurótico em miséria ordinária; e um bobo da corte, pai de todos os palhaços, poderia dizer que a arte do palhaço é transformar a miséria ordinária em preciosa experiência de vida.

Escutar com qualidade é algo que se aprende. Depende de alguma técnica e exercício, mas também, e principalmente, de abertura e experimentação. É uma arte difícil de dominar porque seus efeitos visíveis acontecem no outro em tempo real e segundo as leis do improviso: o riso, a metamorfose do humor, a mudança de atitude com relação a si mesmo, ao mundo e aos outros. O escutador está interessado em produzir esses efeitos no outro, no nosso caso, analisantes em particular e o público em geral. Certa vez, perguntei ao meu filho de 9 anos o que ele queria ser quando crescer e ele me disse que queria criar uma escola para ensinar as pessoas a contar piada e a encontrar graça na escola. De fato, na escola não se ensina como modular o humor, como criar alterações nos estados de espírito ou o que Freud chamava de técnica do chiste. São Tomás de Aquino disse que, se você quer entender o que são metáforas e alegorias, não procure nos livros, vá a uma feira livre. É, portanto, ouvindo as pessoas no mercado, com suas vozes e confusões criativas, assim como pela observação de como as pessoas contam piadas, que aprendemos a escutar o outro.

Palhaços e psicanalistas concordam que a arte da escuta do outro começa pela possibilidade de escutar a si mesmo. Chatos e neuróticos são caracterizados pela pouca atenção às suas próprias palavras, daí o desprezo ou a indiferença pelos efeitos que elas causam nos outros. Chatos e arrogantes sempre colocam o que eles queriam dizer e as suas boas intenções à frente do que o outro realmente ouviu. Eles acham que a escuta é uma questão de telepatia e não de atenção à realidade das palavras. Por isso, o psicanalista deve necessariamente fazer sua própria análise, e o palhaço passa por uma profunda experiência existencial em sua formação ao longo de sua prática. Ambas são práticas que exigem uma posição ética peculiar, um lugar social um tanto deslocado, como que a representar o que ainda não pode ser representado, por uma dada forma de vida ou por certa época cultural.

Este livro é a partilha e a tentativa de transmitir o que aprendemos sobre a complexa arte da escuta. Ele baseia-se em nossas experiências, nossos testemunhos, casos e em algumas generalizações.

Embora este não seja um manual do tipo "faça como eu", ou um guia prático do bom escutador, você vai encontrar aqui alguns conselhos, dicas semipreciosas e regras de ação que esperamos que não sejam levadas demasiadamente a sério. Acreditamos profundamente na autoajuda, quase tanto quanto Brás Cubas[2] acreditava que tinha descoberto o emplastro universal para curar a hipocondria. Talvez a autoajuda seja realmente a única forma de ajuda. Mas acreditamos também muito no humor, e este começa por não se levar a sério demais.

Lição 1: Ninguém se torna psicanalista ou palhaço seguindo regras piamente.

Lição 2: Não acredite demais no que psicanalistas e palhaços dizem por aí. Eles são sempre um tanto falastrões, charlatões, envolvidos que estão em um ofício de alta precariedade e baixa previsibilidade: às vezes escutar dá certo, às vezes não dá muito certo e às vezes dá errado. Escutar é uma arte que envolve risco.

Para dar algum ar de reverência e credibilidade ao que estamos dizendo, criamos uma *doutrina* que denominamos pomposamente de *Os quatro "agás" da escuta*. São quatro palavras que exprimem as quatro atitudes ou lugares que um bom escutador deve cultivar e habitar e que serão detalhadas ao longo de nosso livro:

---

2. Personagem de *Memórias póstumas de Brás Cubas*, de Machado de Assis.

1. Hospitalidade.
2. Hospital.
3. Hospício.[3]
4. Hospedeiro.

Você não precisa decorar a ordem de aparição, nem se confundir com as palavras parecidas, mas esteja preparado para a repetição delas neste livro. Essas palavras compõem as atitudes ou disposições básicas para uma boa escuta. Há também escutadores, profissionais ou amadores, que são melhores em cada uma delas. Descobrir qual o seu biotipo escutador preferencial e em qual deles você não vai tão bem assim pode ser um começo de conversa.

Faz parte da referida doutrina, em seu parágrafo primeiro, versículo 16, "agoramente" criado, acreditar que a gente pouco ensina ao outro, mas é inevitável que o outro aprenda mesmo assim. Ou seja: nós não escrevemos este livro com a pretensão de legislar regras cuja obediência criará um escutador. Muito menos faremos avaliações e métricas para deixar você ter a satisfação de ganhar alguma coisa e avaliar-se mais uma vez.

Trata-se, antes de tudo, de um convite para que você leia nossas histórias e discuta o que nos parecem grandes erros básicos dos não escutadores. Talvez assim você possa descobrir a sua própria forma de escutar, a partir do seu próprio estilo, com seus dotes e limitações. Essa é uma lição mais importante do que parece porque, em geral, as pessoas já aprenderam certas coisas sobre como devem escutar e frequentemente isso funciona como uma espécie de camisa de força que não estimula

---

3. Não confundir o *hospício*, lugar de abrigo e acolhida, geralmente ligado a uma ordem religiosa, onde se acolhiam os que não tinham recursos, os despossuídos e desvalidos, os loucos errantes, com o *manicômio*, lugar de silenciamento da loucura, de fixação de seu destino e originalmente de natureza médica. O "*hospice*" oferecia acolhimento, diversão e entretenimento para peregrinos e viajantes. Alguns "*hospices*" tornaram-se hospitais, outros permaneceram como casas de acolhimento e até hoje assim são chamadas algumas moradias onde se oferecem cuidados paliativos.

nem coloca o problema básico e primeiro: como você, nos seus termos, com a sua história e do seu jeito, pode encontrar um modo de escutar os outros que lhe seja próprio e autêntico. É por essa regra e por esse motivo que a escuta começa pela escuta de si. Não apenas do que você gostaria de ver e de encontrar em si, mas com toda a extensão real que aí existe, incluindo vozes indesejáveis, sentimentos inadequados, sinais contraproducentes e mensagens enigmáticas. Escutar-se como um vaso apolíneo de perfeição pode trazer uma satisfação momentânea, mas, no médio prazo, terá que enfrentar as consequências indesejáveis de que o outro nem sempre te devolverá essa imagem de polida perfeição ou de imperfeição dominada na qual você se compraz ou se martiriza. Escutar-se é desconhecer-se, despir-se do conhecido e das inúmeras versões que fazemos e refazemos de nós mesmos, a que a psicanálise chama de narcisismo.

Começamos nossa pequena viagem pelo reino da escuta com duas vozes separadas, como elas estavam quando nos encontramos inicialmente: Thebas e Christian.

No começo, acreditamos, vai ser fácil distinguir quem é quem, mas esperamos que chegue o momento em que você comece a perceber alterações de estilo, de tom e de abordagem, que se misturam mais e mais a cada capítulo, já a partir deste começo. A hora que você não conseguir distinguir mais onde está falando o palhaço e onde está o psicanalista, nós teremos alcançado nosso objetivo.

Esse exercício composicional que moldou a feitura deste livro não é um acaso. Ele corresponde ao modo como entendemos a escuta. Como uma pequena viagem, na qual deixamos, hospitaleiramente, que a voz do outro ecoe em nós mesmos, para em seguida ler sentidos intrusivos e imprevistos, perguntando e investigando a fonte de nossos problemas e inquietudes, tal como se estivéssemos em um hospital. Quando a loucura do hospício particular de cada um puder vir à luz, ser reconhecida e recriada, poderemos em seguida brincar de vivê-la mais uma vez ao contarmos a história desta viagem para tantos outros. É assim que escutar o outro torna-nos hospedeiros de um vírus, portadores de uma experiência que se completa quando a passamos adiante, como uma boa piada que uma vez bem contada nos impulsiona a contá-la para outras pessoas.

Vamos lá? Então, escuta só...

4 | A marginalidade dos palhaços

Quando se fala em palhaço, duas imagens costumam vir logo à cabeça. Palhaço, infelizmente, é aquele de quem muitos têm medo. Ele pega alguém da plateia para ridicularizar, faz grosserias, piadas inconvenientes. Crianças têm medo de palhaços. Filmes de terror exploram impiedosamente nossas fantasias infantis sobre tal figura. Esses palhaços malvados existem em nosso imaginário e, felizmente, são a minoria na realidade. Neste exato instante em que você está lendo estas palavras, milhares de palhaços em todo o mundo estão em hospitais, campos de batalha, campos de refugiados, escutando pessoas, relacionando-se verdadeiramente com elas, buscando, por meio do afeto e do humor, amenizar a dor daqueles que estão passando por situações trágicas e delicadas. Dessa imagem, inferimos por que a comédia é uma espécie de tratamento para a tragédia. Um tratamento que não nega nem destitui a existência do pior, mas que faz com ele uma espécie de inversão de sentido. Assim, introduzimos que o horizonte do que o palhaço escuta é a tragédia da vida, a sua realidade mais extensa de miséria e impotência, de pequenez e arrogância, de pobreza e desencontro que se mostra sempre como uma repetição insensata. O palhaço é um realista, mas não um pessimista. Ele mostra a realidade exagerando as deformações que criamos sobre ela. Primeira lição a tirar disso para a arte da escuta. Escutar o outro é escutar o que *realmente* ele diz, e não o que nós, ou ele mesmo, gostaria de ouvir. Escutar o que *realmente* alguém sente ou expressa, e não o que seria mais agradável, adequado ou confortável sentir. Escutar o que *realmente* está sendo dito e pensado, e não o que nós ou ele deveríamos pensar e dizer.

A segunda imagem sobre o palhaço o coloca no picadeiro. Falou circo, pensamos logo em palhaços. No entanto, eles são muito anteriores à existência desse tipo de espetáculo itinerante. Acreditamos que palhaços são anteriores à existência de qualquer espetáculo, enquanto forma organizada de arte. Palhaços têm uma espécie de função social, pois eles condensam e sintetizam a possibilidade dada pela linguagem e pela coabitação humana de imaginar e viver, a partir do mundo dado, um outro mundo possível. Com alguma facilidade, a gente consegue imaginar um grupo de ancestrais nossos, lá no tempo "das cavernas", rindo de um membro do bando mais desajeitado numa caçada ou se atrapalhando ao tentar apanhar frutas. Esse momento foi quando descobrimos que podemos ser diferentes de nós mesmos. Nesse momento, inventou-se a ficção, o "como se", o "era uma vez".

Lembremos agora que o palhaço vem com a máscara, com o nariz falso, com as roupas exageradas ou inadequadas. Todos esses signos de que alguém pode ser um personagem diferente de si mesmo: um adulto que é ainda uma criança, uma criança que já é um idoso, um estrangeiro que é familiar, um desajeitado forasteiro que não entende a língua, por isso é mudo. Todos os traços do palhaço mostram uma profunda afinidade entre a ficção e a verdade das coisas. Afinal, a verdade sobre nós mesmos é que inventamos mentiras. A verdade sobre nós mesmos é que nós nos enganamos, criamos ilusões, nos orientamos por fantasias e nos deixamos levar por enganos que são apenas respostas à força de nossos desejos. Segunda descoberta decorrente da arte da escuta. Escutar é uma pesquisa sobre a verdade do que está sendo dito. Verdade entendida aqui como relação entre aquele que diz e o que ele diz. Verdade que tem uma estrutura de ficção, e não de correspondência com o mundo e a ordem das coisas. A "verdade" que se opõe, mas que é feita também da "brincadeira". Como quando se ouve que "é brincando que se fala as grandes verdades". Quando alguém coloca uma roupa maltrapilha, um sapato gigante, sai correndo atrás de um carro e se coloca em posições sucessivamente ridículas, nós olhamos para a cena e rimos. Por quê? Porque vemos naquele personagem a verdade sobre nós mesmos: infantis, iludidos, humanos ridículos e limitados. Quando rimos do palhaço, rimos de nós mesmos porque escutamos por meio dele a verdade sobre nós. Por isso, cuidado ao xingar os outros de "palhaço", porque além de dizer que está o usando para se divertir, você está revelando que ele porta um fragmento de verdade que você mesmo não consegue suportar.

Esse exercício de imaginação nos traz um importante aprendizado: o palhaço não interpreta um personagem. *Ele é*. E ele *é* de uma forma que coloca em questão a relação entre o real e a verdade. O palhaço acolhe a vida como ela é, em toda a extensão de sua miséria e com toda a ficção que ela comporta. Vem do palhaço a arte da *hospitalidade* e a função de ser *hospedeiro* daquilo que o mundo não consegue ver ou suportar.

A compreensão disso é fundamental para se entender de onde vem o riso que o palhaço nos provoca. Dos humoristas, nós rimos das piadas. Dos palhaços, nós rimos deles. De como eles *são* tontos. De como eles *são* atrapalhados. De como *são* desajeitados. Mas rimos também de como eles, nessa atrapalhação toda, revelam como todos nós somos, fomos ou seremos assim atrapalhados, desajeitados e tontos.

Os dangas eram pigmeus, trazidos do interior da África e, no Antigo Egito, dançavam para fazer os faraós rirem. Os bobos da corte e os bufões da Idade Média eram gente torta e esquisita, em geral estrangeiros, que podiam dizer certas verdades aos reis, justamente porque estavam à margem da disputa social pelo poder. A figura e a função do palhaço têm íntima relação com os diferentes e desviantes em geral: os loucos, os bêbados, os mancos, os anões.

No início do Renascimento, tanto no Oriente quanto no Ocidente, eles participavam da corte, assistindo a intrigas palacianas e acompanhando as peripécias reais, mas em posição de exterioridade, como uma espécie de consultores neutros. Neutros porque não eram considerados inteiramente "como nós", não inteiramente "humanos". Essa distância é uma condição imprescindível para a escuta. Sabemos intuitivamente que "alguém de fora", deslocado, estrangeiro, meio sem lugar ou sem interesses diretos no problema, nos oferece um retrato mais parcimonioso e claro do que quem está vivendo a situação por "dentro". Somos frequentemente sufocados pelo excesso de interioridade, em uma mesma rede de problemas, de pessoas e de olhares que são repetidos em forma circular e pouco transformativa. Disso emerge uma consideração sobre a prática da escuta. Ela exige que nos coloquemos ao mesmo tempo em uma posição muito distante e muito próxima do outro.

Tornar-se palhaço é encontrar esse lugar de estrangeiro no interior de uma situação familiar. Mas é também encontrar o conhecido dentro do estrangeiro. O estrangeiro que habita cada um de nós. Essa capacidade de olhar de fora – mesmo estando dentro – cria um novo jeito de admirar o outro, de "estranhá-lo", de encontrar nele algo que ele mesmo não está vendo. Colocado dessa maneira, o palhaço pode ser apresentado como uma espécie de diplomata e de solucionador de problemas entre dois mundos: o mundo de dentro e o mundo de fora, o mundo do "nós" e o mundo do "eles".

Os antropólogos chamam a condição de alguém que habita essa zona intermediária ou de transição entre duas ou mais culturas de "marginal". Aquela pessoa que nasce em uma cultura, que aprende seus costumes, sua língua e regras e depois disso viaja ou emigra para outro país, outra cidade ou outra região, torna-se com o tempo um marginal. Ele pertence aos dois mundos, mas não pertence definitivamente a nenhum deles. Quando chega nessa outra cultura, ele pode se adaptar, aprender os costumes e a língua, mas sempre será percebido e se sentirá, em parte, alguém que "não é daqui". Nessa posição de distância relativa, ele consegue ver e escutar coisas que aqueles que são nascidos e criados ali, que se identificam plenamente com seus lugares sociais, não conseguem. Mesmo que regresse à sua cultura original, terá passado tanto tempo fora que perdeu uma parte da história. Fica assim meio deslocado em sua própria família ou cultura de origem. Esse é o marginal. Esse é o palhaço.

Nós tendemos a naturalizar nossa própria cultura. Tomá-la como centro do mundo. Achar que tudo nela sempre foi assim e assim continuará sendo. Mas quando a criança chega a este mundo, ela não se comporta imediatamente como parte dele. Ela estranha o mundo, como estranha a própria mão quando descobre que ela é "sua". Quando desiste de perguntar "por quê?", sua perplexidade declina e ela se torna um de "nós". O palhaço, assim como o bom escutador, é alguém que recupera a arte de se espantar com o mundo e com os outros, por isso ele é tão frequentemente retratado como alguém ingênuo e que ainda "não sabe das coisas".

Pois bem, o palhaço é como um estrangeiro que chega em uma situação e começa a se comportar de forma imprópria. Ele faz aquelas perguntas ou toma aquelas atitudes que adoramos ver as crianças fazerem, pois revelam a estrutura de verdade de uma situação. Ele nos lembra que, um dia, todos nós perguntamos por que as coisas são assim, em vez de simplesmente "seguir o fluxo da repetição cotidiana". Se o palhaço nos devolve à perplexidade, revelando afinal quem nós somos e como somos, ele nos informa também que a arte de escutar é meio oposta à arte de entender. Seria mais justo descrevê-la como a arte metódica e cuidadosa de desentender os outros, de perguntar por que mesmo A leva a B e B leva a C, quando isso está claro e cristalino para quem fala, mas não se escuta.

Por entender menos a cultura onde ele está, por ser meio inadaptado, o palhaço tende a escutar melhor esta mesma cultura, agindo como um potencial transformador. Mais ou menos como quando vamos à casa de alguém e vemos certas coisas problematicamente fora de lugar, mas que o dono da casa não consegue perceber, simplesmente porque se acostumou a ver ordem onde não existe.

Isso vale para culturas, para países, idades da vida, posições sociais ou de gênero, mas também empresas, se as considerarmos como subculturas. Não à toa as corporações se valem tanto de consultores externos, *coachings* e mentorias, palestras motivacionais e outros recursos necessários para tirar as pessoas do modo de escuta na qual elas parecem congeladas e absortas como zumbis, repetindo seus próprios costumes. Essas intervenções funcionam como Departamentos dos Bobos da Corte[4] terceirizados.

Na Idade Média, os palhaços eram esses estrangeiros, muitas vezes anões ou pessoas com deformidades, que nunca poderiam aspirar uma posição na administração ou no governo. Aqui vai outra lição prática: o palhaço tem que estar em uma posição marginal ou periférica com relação aos interesses, para poder escutar e fazer rir melhor. Ele deve aparecer como uma criança – que diz que o rei está nu – ou como um errante, sem lugar, justamente porque faz a função de crítica do poder instituído. Daí que a irreverência e a ironia, ainda que aparentemente involuntárias, estejam em sua atitude básica. É como se ele não entendesse as regras, como se ele falasse outra língua. Nessa posição, ele consegue observar melhor a comédia e a tragédia dos interesses humanos.

Os bufões eram os únicos que estavam autorizados a rir do rei. Podiam fazer isso justamente porque suas pretensões de poder estavam suspensas. Enquanto todos estão representando seus personagens, lutando para se tornar protagonistas ou antagonistas da peça da vida, os bobos da corte apenas são o que são. Pessoas de verdade, gente cooptada das ruas para entreter as cortes e o clero. Suas piadas exploram o valor crítico da sua inadequação. Eles não estão ali apenas para fazer espetáculos para os outros dormirem ou esquecerem as coisas como

---

4. Eu e minha querida amiga palhaça Mônica Malheiros, da POP (Palhaços a Serviço das Pessoas), temos o sonho de implementarmos um Departamento de Bobos da Corte nas empresas. Palhaços que passariam algumas horas semanais circulando nos departamentos, escutando as mazelas e contribuindo com seu olhar marginal. Dava certo nas cortes, por que não daria no universo corporativo?

elas são, mas para inventarem ou revelarem a verdade da situação que realmente está ali.

Os bobos mais astutos (e viva ao paradoxo!) percebiam então que tinham de estar profundamente conectados ao instante presente para tirar proveito cômico das situações cotidianas, apontado aquilo que os "de dentro" não conseguiam ver.

Como fazer isso?

Escutando, escutando e escutando.

5 | A implicação dos psicanalistas

Os psicanalistas descendem dos palhaços e não o contrário. A aparição histórica de psicanalistas, psicólogos, terapeutas e outros escutadores profissionais no final do século XIX já era um sinal de que as antigas modalidades de dividir e resolver nossos problemas de modo coletivo e comunitário mostravam-se insuficientes para a nova forma de viver.

Nosso ganha-pão tornou-se possível quando as pessoas passaram a sentir que não bastava serem escutadas apenas como a repetição de um tipo social mais ou menos esperado. Também os terapeutas devem ser estrangeiros, como os palhaços, por isso não dá muito certo e não se recomenda atender pessoas da própria família ou pessoas muito próximas. O terapeuta tem que responder a esse critério de ser alguém de fora, isento e imparcial. Mas, ao contrário do palhaço, que escuta seu público respondendo a um humor coletivo, o terapeuta escuta aquele um, único em sua singularidade. Se a função do palhaço nos lembra de que a escuta tem que vir de fora, a função do psicanalista acrescenta a isso a implicação do processo extenso de escuta. Se o palhaço passa pela cidade e vai embora com o circo no próximo trem, o psicanalista recebe semana após semana o mesmo paciente, implicando-se cada vez mais em seu universo de realidade e verdade.

A escuta psicanalítica assume que há uma forma única de dizer em cada um de nossos pacientes, que este é o modo como cada qual precisa e requer ser cuidado. O paciente não é apenas "uma mulher ou um homem", "uma criança ou um velho", um "psicótico ou um neurótico", mas "este um", que ocorre na forma única de usar instrumentos simbólicos e coletivos, como a língua falada segundo seu próprio idioleto. O psicanalista se interessa pelas propriedades que todos nós temos universalmente e, também, pelas particularidades que adquirimos ao participarmos de grupos e coletivos, mas, além disso, ele quer encontrar o que torna aquela pessoa... aquela pessoa. O que a torna diferente de todas as outras, nos termos dela mesma. Ele quer, portanto, encontrar o palhaço *daquela* pessoa. E, geralmente, esse palhaço que queremos suprimir e silenciar confunde-se com a figura do louco, como o do baralho do tarô, o Trikster, enganador das mitologias ameríndias, o Curinga (*Joker*) que inspirou inúmeros vilões na literatura e no cinema e que é o protótipo dos curadores de alma, os xamás antecessores dos modernos psicanalistas.

Diz-se que este é o lugar ou o ponto em que cada um de nós "sai de si", uma das frases mais comuns para falar proverbialmente da loucura. Alguém que está louco de raiva ou de ciúmes é alguém que não está "em si", mas "fora de si". Trazer e escutar as pessoas para fora de si, para fora de suas identidades, para mais além de suas próprias imagens e ficções sobre si mesmas é o que faz da arte da escuta uma forma de transformação e de cura. O escutador sai de si para se colocar no ponto de vista do outro, mas ele também tira o outro de seu próprio ponto de vista, ou pelo menos de sua confiança e domínio sobre si para revelar que outras vozes estão ali presentes e merecem ser acolhidas, cuidadas e hospedadas.

Para alguns, a psicanálise começou quando uma paciente de Freud, farta das suas sugestões, recomendações e entendimentos disse algo como: "Cale a boca e deixe-me falar livremente". Humildemente, como é próprio daquele que gosta de escutar, ele percebeu que a tal moça estava inventando um novo método, uma nova forma de tratamento baseada na "associação livre" e não na condução coercitiva do que o paciente deve falar ou na obediência às regras de ação para encontrar o bem-estar. Essa paciente, chamada Ana O., batizou o método de cura pela expressão *talking cure* (a cura pela fala). Ou seja, um método no qual o poder de fala desloca-se para o paciente.

Por outro lado, em vez de culpar o paciente por incorreções na forma de conduzir sua vida, o psicanalista cria uma escuta implicada, em que as regras do jogo são os valores, os princípios e as opiniões do analisante. Ele joga o jogo no qual a regra primeira, e que é genérica para o bom escutador, é de que a linguagem que vale é a linguagem do paciente, e não a sua. Na análise, a moeda soberana é a do analisante, por isso assumimos que seus valores, suas crenças e disposições são nosso ponto de partida e com relação a estes nós estaremos implicados.

Sai a culpa e entra a implicação. Quando isso acontece, ocorre uma espécie de efeito de responsabilidade com a escuta que se apossa dos envolvidos. Uma responsabilidade que não é jurídica ou contratual e, justamente por isso, liga os participantes com a experiência que está em curso. Aqui há uma afinidade espontânea com o palhaço, pois ele se faz responsável pela palavra, no sentido do que ele *realmente* diz e no sentido da verdade que ela *ficcionalmente* cria. Uma responsabilidade com o fato de que o jogo, a viagem ou o espetáculo deve continuar até encontrar seu fim, por seus próprios meios. Implicação é um termo que vem da ética e da lógica, que se lê como uma relação do tipo "se isso... então aquilo". Esse é um artifício para entender por que nos ocupamos tanto de pequenos escorregões de linguagem, chamados "atos falhos", de palavras que irrompem contrariando o que "queríamos dizer", ou por sonhos, nos quais nos apresentamos descontrolados, exercendo papéis e lugares de fala nos quais usualmente não nos reconhecemos.

A escuta implicada do psicanalista leva muito a sério o fato de que todos esses desvios, ruídos e imperfeições da comunicação apontam para a hipótese de que há "alguém" ou "algo" responsável pela emergência desses fenômenos. Nosso corpo diz algo com seus sintomas, com suas restrições involuntárias, com seus medos irracionais e com suas repetições insensatas. Isso que está sendo dito mais além ou mais aquém do que o outro quer dizer é o que se poderia chamar de "inconsciente". E é com isso que a escuta psicanalítica está implicada. Ela não funciona como um tradutor que vê códigos e sentidos imediatos nesses vacilos de linguagem e de comportamento. O psicanalista não sabe o que eles querem dizer, de antemão, mas ele ajuda o paciente a encontrar algum saber nesses "ruídos" de comunicação.

Está na estrutura da situação analítica que o próprio paciente coloque e recoloque suas questões em uma espécie paradoxal de repetição. Mas a forma como o analisante vai sendo escutado e recebendo de volta as consequências e implicações do que diz muda a sua posição e, consequentemente, a posição de escuta do psicanalista. Esse não é o condutor da vida do paciente, como se pode esperar de médicos e religiosos diante do sofrimento psicológico, mas alguém implicado em fazer com que a pessoa "se escute".

Se não, vejamos de forma prática e objetiva: como poderia uma conversa de trinta ou cinquenta minutos, uma ou duas vezes por semana, mudar a vida de alguém? Considerando que essa vida levou décadas para se formar. Durante esse período, ciclos de repetição e antecipação de sentido se formaram solidamente. Nesse tempo, os sintomas foram pacientemente formados como a "solução ótima" que aquela pessoa encontrou para o conjunto de conflitos e para a constelação de determinações que presidem sua vida. Como então esperar que, com uma ou duas colocações, em encontros tão curtos, algo possa realmente afetar o "trem da história" de cada um de nós?

Ora, isso só é possível porque o essencial do trabalho transformativo da análise acontece "fora da sessão". Ocorre como tomada de consciência e "trabalho sobre si", ou "através de si" (conforme a etimologia de elaboração, *Durcharbeiten*, "trabalho através de"). O segredo está no fato de que não é o psicanalista quem analisa o paciente, mas ajuda o analisante a "se analisar". E "se analisar" tem um sinônimo claro, concreto e universal, ou seja, "se escutar". Quanto mais neurótico, mais incapaz de se escutar. Quanto mais neurótico, mais ele procura e constrói laços com outras pessoas que vão ajudar aquele um a se ensurdecer para o que é real e verdadeiramente importante para ele mesmo. A surdez faz pactos e aqui não nos referimos, claro, àqueles com dificuldades audiológicas, mas aos que se atrapalham com a função ética do "escutar". Quanto mais neurótico, mais o sujeito fala para ocupar o espaço, fala vazia feita para não se escutar.

É por isso que digo que o psicanalista é como um carteiro que toma as cartas embaralhadas, as cartas de nosso destino, ajuda a entregar as que podem ser entregues e reenviar as que estão sem destinatário. Mas o psicanalista torna-se também o carteiro das cartas não escritas ainda ao cuidar do silêncio e dos estados informulados do espírito, nos quais não encontramos nossas próprias palavras. Nesses estados podemos nos agarrar às palavras dos outros, como náufragos. Podemos também reagir com atos e afetos defensivos, ao que, em nós, não consegue encontrar palavras. Nessa hora, o carteiro que cuida das cartas ainda não escritas nos lembrará de que existem cartas, mas também cartões-postais, telegramas e endereços difíceis de encontrar. O tempo e o trabalho de encontrar as palavras demandam cuidado. Isso às vezes deixará a carta em espera indeterminada, porque foi enviada ao destinatário errado, antes de ser escrita em seu próprio tempo.[5]

A imagem ajuda a pensar na prática da escuta ligada a essa posição de intermediário, de diplomata andrógino entre dois mundos, de embaixador do Outro, para o Um. Muitas pessoas têm dificuldades para escutar o outro, pois partem do sentimento intuitivo de que tudo o que o outro diz tem como destinatário nós, que estamos do outro lado. Pelo contrário, a maior parte do que se diz ao outro não é destinada àquele outro que está diante de nós, em carne e osso a cada vez. A maior parte do tempo ficamos mandando cartas, mensagens e

---

5. O psicanalista inglês Darian Leader escreveu um bonito livro intitulado *Por que as mulheres escrevem mais cartas de amor do que enviam*. Rio de Janeiro: Rocco, 1988.

palavras para outros que não estão exatamente naquela situação real e concreta. Esses destinatários ausentes são os personagens perdidos de nossa história: antigos amores, futuros amores, amores ainda nunca encontrados, chefes odiosos, professores sádicos, pais incompreensivos, e assim por diante. Nem sempre é útil, nem mesmo necessário saber exatamente para quem é aquela carta, porém é muito importante ter em conta, na arte da escuta, que nem sempre as pessoas estão falando conosco. Elas podem estar em seu próprio picadeiro, encenando personagens e roteiros para os quais querem nos arrastar impiedosamente. Lutando contra leões imaginários, dançando como bailarinas no trapézio, contorcendo-se para se ajustar ao outro, enganando-se como mágicos ilusionistas, criticando-se como monstros disformes e que, muitas vezes, se não entrarmos no circo particular do outro, dificilmente poderemos escutá-lo de forma implicada.

Aqui vai uma consideração diagnóstica genérica: quanto menos a pessoa se escuta, pior o prognóstico de vida; quanto menos a pessoa se escuta, mais demanda ser escutada pelos outros. Tendencialmente, quanto mais sofremos, menos nos escutamos. Por isso nos tornamos, nessa situação, tão vulneráveis à manipulação, a sermos dirigidos, e chegamos mesmo a pedir para obedecer ao que qualquer outro nos propuser.

Devolver a palavra a quem ela pertence é muito difícil para aquele que assume uma posição moralista diante dos outros. No fundo, ele não se separou da ideia tentadora de tratar o outro como um "tipo de pessoa" (aliás, como ele próprio, por que não?) e não como alguém, "este alguém" (que é diferente dele próprio, por bons e maus motivos). Só que, nesse caso, o tipo de pessoa que o moralista quer conduzir é o que é, *e tem que ser*, como ele. O moralista é o antipalhaço e o antipsicanalista por excelência.

Disso tiramos uma conclusão importante para a arte da escuta. Ela começa pela atitude de renunciar a exercer o poder que nos é atribuído. Para escutar, é preciso, como fazem o palhaço e o psicanalista, suspender o exercício do poder. Daí que a escuta seja uma atitude ética e política. Quais são os sinais de que estamos em uma atitude crítica diante do poder?

1. Reduzimos a importância e o valor que conferimos à imagem de nós mesmos. Podemos usar um chapéu que não nos pertence. Podemos suportar sermos levados para o "circo" alheio. Somos capazes de rir de nós mesmos. Percebemos como o poder é sempre sério e crente dos personagens, dos cenários e dos roteiros que ele produz. Estamos fora de nossa casa, estamos na função da *hospedagem*.
2. Temos inclinação ao espanto e à perplexidade que se traduz em uma atitude orientada para perguntas e para a valorização do que "ainda não sabemos" em detrimento das antecipações sobre coisas que "já sabemos". Esse sinal vem junto com um sentimento de vulnerabilidade ou angústia, às vezes de insuficiência ou de perda de controle. É o ponto que Freud descreveu com uma palavra complexa chamada *Hilflosichkeit* (*Helfen* = ajudar, *losichkeit* = perda), ou seja, o ponto de desamparo, que reflete nossa condição no mundo, especialmente quando chegamos e quando partimos. Ponto que está antes de toda e qualquer perda, ou de busca e decepção com a ajuda possível. Aqui precisamos de um *hospital*.
3. Nos desidentificamos dos personagens que exercem o poder sobre os outros (chefe, pai ou mãe, professor, médico ou entendido no assunto) para buscar a autoridade fundada na palavra do outro, naquela relação, segundo seus próprios termos. Saímos de nós mesmos e estamos no *hospício*. Aqui retornamos à ideia antiga de loucura, ou seja, não se trata do objeto do discurso e da consciência médica, psiquiátrica e mesmo psicológica, mas dessa experiência trágica que fazia do louco um errante, um porta-voz das verdades insuportáveis, provenientes de um outro mundo, terreno ou transcendental. Vem dessa época a ideia de que a loucura é um estado em que estamos "fora de nós mesmos" e o complementar e adequado para o indivíduo normal é estar "dentro de si". Escutar

é sair de si em duplo sentido: assumir a perspectiva do outro e suspender a sua própria perspectiva interiorizada de si.
4. Somos capazes de brincar de forma séria, como é a brincadeira para a criança. E esse brincar tem por horizonte a investigação sobre as relações entre a realidade e a verdade, em outras palavras, é uma investigação ou uma viagem que se organiza a partir de um "como se", mas que por outro lado toca o "real das coisas" no mais íntimo dos envolvidos no encontro e na operação de escuta. Brincar é uma das maneiras pelas quais transmitimos o saber que se formou no trajeto da escuta: acolhemos, cuidamos, encontramos o outro, em nós e fora de nós, para ao fim contar a viagem ao outro. Afinal, quem inventou as brincadeiras de criança, as cantigas de roda, as canções de ninar? Elas são de todos e sua origem perdeu-se no tempo porque passando de mão em mão, de escuta em escuta, foram perdendo cada vez mais o seu senso de propriedade, até que, de tanto passar de escuta em escuta, passaram a pertencer a todos nós. Passar adiante é o momento em que a viagem se encerra porque a contamos para alguém, mostramos as fotos e relembramos como aconteceu, ao mesmo tempo que terminamos a viagem. Ao fim, nos percebemos apenas como *hospedeiros* da experiência.

Como professor de clínica, recebo alunos que terão os primeiros encontros com seus primeiros pacientes. Apesar do preparo teórico, temos que abordar algo que prejudica a arte da escuta. Na hora que o paciente nos diz aquelas coisas incompreensíveis e difíceis, ele espera, com toda justiça, uma resposta ou uma continuidade na conversa. Ou seja, a arte da escuta presume a estrutura dialogal do encontro, a troca de turno segundo a qual a palavra ora está com um, ora passa ao outro, e em seguida volta para o primeiro. Desconhecer essa regra é um erro de principiante para o candidato a escutador. Contudo, no momento que a escuta é tensa, a angústia nos faz "atravessar" o turno, quer falando demais, quer emudecendo, quer nos ocupando em pensar na sua temporalidade de forma mecânica e demasiadamente calculada.

Nessa hora mais escura, muitas vezes o jovem terapeuta ajoelha mentalmente e começa a rezar para Freud ou Lacan. Amaldiçoa o professor de psicopatologia. Pensa no que dirá para seu supervisor. Quando faz isso, ele parou de escutar o paciente e começou a escutar outras pessoas: vivas, mortas ou ainda incriadas. Daí que a regra de ouro para a escuta implicada do psicanalista seja: "mantenha-se na situação". Não se deixe naufragar nas inúmeras tentações que nos fazem parar de escutar: sair do encontro, exercer poder, obedecer a expectativas, defender sua imagem.

Uma das coisas mais difíceis da arte de escutar é não se evadir da situação, não sair do presente no qual o encontro ocorre. Por isso, procuro descobrir onde encontro um pedaço de "escuta espontânea" se é que ele está disponível naquele jovem candidato a escutador. Isso, às vezes, vem daquele curso de teatro, outras, do trabalho voluntário em um orfanato, ou da situação de cuidado que teve que enfrentar em sua vida. Às vezes, essa pedra de início, tão preciosa, está em uma lembrança, um momento raro ou esquecido, em que nos sentimos "realmente escutados".

Quero dizer com isso que a escuta se transmite por meio de prática, de encontros, de acontecimentos. Neles acontece a mágica por meio da qual a implicação com as palavras e com o outro nos transforma. Todos nós temos um baú de bons encontros de escuta, mas nem todos têm o cuidado de olhar para ele como parte de nosso patrimônio simbólico e subjetivo.

Sustentar a presença é muito mais importante do que se ocupar com seu papel, seja de palhaço, feliz ou infeliz, seja de bom ou mau terapeuta. Afastar juízes imaginários que invadem a situação a ponto de se apoderar dela é uma tarefa básica do escutador. Sem isso a escuta morre. Em seu lugar ressuscita o monólogo ou a pregação, o ataque e a defesa dos interesses dos envolvidos, o exibicionismo ou a tentativa de conduzir ou convencer o outro conforme os objetivos de cada qual.

Mas isso não deveria trazer a imagem de que a boa escuta envolve a purificação dos envolvidos elevados a um estado de beatitude angelical. Pelo contrário, a verdadeira escuta mede-se pela capacidade que ela produz nos envolvidos de dizer o que não se quer ouvir.

Cada relação é definida por esse campo do que é possível dizer. O limite é construído pelo próprio exercício da escuta. Por exemplo, muitos pais querem construir uma relação de sinceridade e confiança com seus filhos. Esperam que estes compartilhem dificuldades e decisões difíceis, insistem que eles podem lhes contar tudo. Mas aqui intervém uma das consequências da implicação: você é realmente capaz de escutar coisas que te contrariam? Ou espera intimidade e confiança porque está convicto e iludido de que encontrará no outro um duplo comportado de você mesmo?

Escutar emerge como ganha-pão para os psicanalistas quando historicamente essa habilidade torna-se rara ou escassa e, ao mesmo tempo, cada vez mais importante em nossas vidas. Muitos criticam dizendo que a coisa parece uma trapaça. Ainda hoje vigora uma atitude ambígua de desprezo e admiração pelos escutadores profissionais, aliás, como se percebe na própria ambiguidade da palavra "palhaço", alcunha que gera respeito e humilhação, conforme o caso a que se aplique. Quem quer que seja, que queira se introduzir na senda da escuta, deve estar preparado para isso. É uma profissão maldita justamente pela ambiguidade social na qual ela se localiza. Como crítica do poder e do instituído, não seria justo, porém, esperar ampla, geral e irrestrita aceitação.

Um bom amigo ou amante, professor ou mestre espiritual – por que não um palhaço (?) – fariam a mesma função, eventualmente com vantagens e facilidades que os psicanalistas não podem oferecer. Outros dizem que esse processo, de falar sobre sua vida com um estranho é muito... estranho. Apesar de ser enterrada mais vezes do que Jason em *Sexta-feira 13* e de Freud ter sido declarado mais morto que um zumbi, a psicanálise persiste como uma prática de escuta profissional exatamente porque coloca-se na posição de estranhamento, como uma espécie de guardiã ou fiel representante simbólica de todos os estranhamentos, enigmas, fantasmas e espectros mórbidos do paciente.

O ganha-pão dos psicanalistas baseia-se no fato de que escuta não é apenas acolher incondicionalmente o que o paciente diz em toda a sua inteireza, apreciando-o como uma obra de arte, completa e organizada em si mesma, por suas próprias regras e razões. Escutar não é, definitivamente, funcionar como um espelho gratificante apreciando tudo que o outro diz, batendo palmas para qualquer manifestação e aceitando o que quer que seja, única e exclusivamente, porque procede daquela pessoa.

Palhaços e psicanalistas são pagos para dizer o que as pessoas não querem ouvir, ainda que digam o contrário. Somos pagos para contrariar nossos clientes. Para dizer aquilo que seus entes mais queridos, por amor, por proximidade perspectiva ou por pena, jamais dirão. Aquilo que seus oponentes e inimigos mais terríveis vivem gritando, mas do qual eles não conseguem extrair o grama de verdade diluído no litro de veneno.

Nessa profissão, os outros nos pagam para que nós os façamos trabalhar. Trabalhar com seus sonhos e com suas relações de amor, com seus sofrimentos e sintomas, com seus impasses e vazios, com suas crises e tédios. Ao final, o que queremos é que nossos pacientes se levem um pouco mais a sério, que sejam um pouco mais implicados em seus desejos e sonhos, em suas palavras e em seu cuidado de si, que sejam capazes de escutar a si e aos outros (o que traz um benefício generalizado para a vida de alguém). Mas, por outro lado, e isso é quase um consenso entre as várias orientações da psicanálise, queremos também que nossos pacientes não se levem tão a sério, que sejam, como um palhaço, capazes de rir de si mesmos, de aceitar suas mazelas e vulnerabilidades, de serem menos cruéis com suas autoexigências e ideais (o que sempre é uma bomba de dispersão genérica de infelicidade).

6 | "Depois que a gente brinca, a gente fica amigo"

O meu trabalho foi definitivamente alterado pelo encontro que tive com um mestre há muitos anos. Eu tinha recém-publicado meu primeiro livro infantil, e a editora me ligou contando que uma escola o havia adotado e as crianças queriam conhecer o autor. Fiquei superfeliz, era a primeira vez que isso acontecia. Topei na hora. Alguns dias depois, chegou o carro da escola para me buscar em casa, e eu fiquei me sentindo im-por-tan-tís-si-mo!

Entrei no carro, papeei um pouco com o simpático motorista, mas minha cabeça já estava lá no colégio. Enquanto ele dirigia, eu ia criando, dentro da minha cabeça, toda a conversa que eu estava prestes a ter, já escutando neste mundo interno as perguntas que as crianças me fariam:

Cláudio Thebas, como você faz para criar suas histórias?

Cláudio Thebas, quantos livros você já escreveu?

Quando dei por mim, estávamos na porta da escola, não a imaginária, mas a de verdade. Fui recebido educada e pomposamente pela coordenadora e conduzido ao pátio onde as professoras e umas 100 crianças me esperavam. A cara delas era de total assombro: eu estava ali. O escritor! E, mais incrível: eu estava vivo! Crianças sempre acham que o escritor já morreu e virou nome de praça. Coisa parecida acontece quando meus alunos pequenos, por acaso, me veem fora da escola. Eles me apontam e gritam com perplexidade: "Olha!! O professor Cláudio!", como seu eu fosse uma entidade que só existisse dentro do colégio. Um personagem do folclore: o saci no redemoinho, o curupira na floresta e o professor que mora na escola.

Mas agora eu estava lá. Arrisquei um bom-dia e ouvi o coro de volta: "Boooom diiiaaaa, Cláudio Thebassss".

Segurei a emoção, apresentei-me brevemente e perguntei se alguém tinha alguma pergunta para me fazer. De imediato, um menininho levantou a mão. Nunca vou me esquecer da carinha dele. Gordinho, vermelho de vergonha, mas corajoso o bastante para não deixar a vergonha o impedir de perguntar:

"A gente pode brincar primeiro?"

Fiquei totalmente surpreso. Falei que "sim, claro!", e emendei com outra pergunta:

"Por que você quer brincar primeiro?"

E então meu pequeno mestre arrematou com enorme sabedoria:

"Porque depois que a gente brinca, a gente fica amigo."

Passados mais de vinte anos desse encontro, tornei-me um apaixonado pesquisador da escuta e do brincar. Converso com muita gente, fiz vários cursos, li alguns livros e jamais encontrei uma definição que traduzisse conceitos tão complexos com tamanha simplicidade.

Depois que a gente brinca, a gente fica amigo.

Com amigos eu me sinto mais confiante, mais fortalecido para falar, mais aberto e disponível para escutar. Fui descobrir nesses anos de investigação que brincar contém os quatro "agás" em sua gênese. É a atividade humana que mais nos conecta com a gente mesmo e com os outros.

Lembre-se de você brincando de esconde-esconde, espremido atrás da pilastra, em conexão total com tudo à sua volta. Na escuta de cada movimento de ar, de cada microrruído, com seu corpo preparado para a corrida heroica para tentar salvar o mundo. Lembre-se da maravilha que era quando isso acontecia, e na desgraça quando você fracassava. Brincar nos exercitava para o convívio. À medida que íamos brincando, íamos também aprendendo a escutar os humores coletivos e individuais dos grupos aos quais pertencíamos. "Com o Paulinho é bom de dar risada de besteira, o Mario é legal de jogar botão, o Júlio é fortão, sabe disso e usa isso para conseguir o que quer, inclusive minha bicicleta emprestada, mas é melhor emprestar do que apanhar."

Brinco, logo, escuto.

Se perguntássemos a Freud como aprender a escutar o outro, ele provavelmente diria que escutar é brincar. Brincar é realizar um percurso junto, ao modo de uma pequena viagem. Brincar envolve, portanto, fazer malas, criar planos, imaginar companhias, usar mapas, mas também: ficar esperando na estação, ficar perdido sem saber para onde ir, tropeçar e perder as malas, encontrar hotéis lotados e até mesmo decepcionar-se com o encontro real com lugares tão vivamente imaginados. Só o adulto que se esqueceu demasiadamente de sua infância esqueceu-se do quão sério é brincar. É este o grande desafio de quem busca ser palhaço: reencontrar sua criança, e apresentá-la ao adulto, promovendo um concílio da inocência com a experiência.

7 | A escuta lúdica como jogo de linguagem

Assim como o palhaço, o psicanalista tem que se despir de suas próprias vestes egoicas, suspendendo juízos, valores e preconceitos, assumindo a roupa disponível para o papel requerido pelo paciente. Iniciamos nossa escuta como iniciamos uma viagem, que será conduzida pelo próprio paciente. Como convidados, é importante levarmos mínima bagagem possível, se não quisermos definir o roteiro ou estabelecer nossos próprios interesses quanto a ele. Nos despimos assim de nossos interesses e deixamos cair nossas pretensões palacianas, inclusive a de agradar e de ser amado pelo outro.

O que estamos chamando de escuta aqui é uma espécie de subversão calculada do esquema que usamos para pensar a linguagem como um meio de comunicação. Para o escutador, a linguagem é muito mais do que isso. Tradicionalmente pensamos a comunicação como uma operação a cinco termos:

```
         Código
Emissor  Mensagem  Receptor
         Canal
```

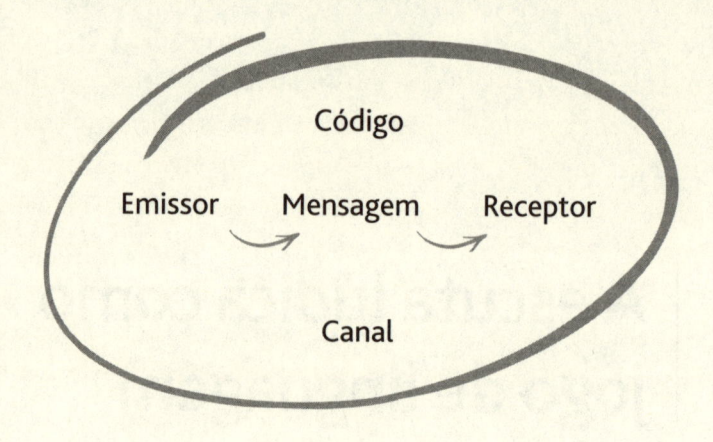

Estas cinco funções inspiram diferentes atitudes de escuta:

1. Escuta *hospitaleira*: é centrada no receptor e no pacto que ele estabelece e reformula a cada vez com o emissor.
2. Escuta como *hospital*: é orientada pelo exame da mensagem, nos signos e nas regularidades que ela propõe, nos seus efeitos de repetição ou de estranhamento, na análise mesma da literalidade do dito.
3. Escuta como *hospício*: revê e reinventa os códigos e canais em uso, corrompe o sentido corrente e o senso comum, criando novos usos e relações entre as palavras.
4. Escuta *hospedeira*: se volta para o fato de que aquele que foi receptor em outro momento torna-se emissor, transmitindo a mensagem recebida, conservando sua fidelidade e mantendo o rigor de seu acontecimento.
5. Escuta lúdica: confunde e altera a hierarquia das funções, subvertendo a comunicação.

A comunicação perfeita aconteceria quando o emissor envia uma mensagem que supostamente traduz o que está em sua mente ou na realidade referencial, em um código (língua, por exemplo) por meio de um canal (carta, e-mail, fala). O receptor sanciona o código, valida o canal e traduz a mensagem, reconstituindo a ideia original. O fato de que mensagens circulam do emissor ao receptor, que na sequência se tornará ele mesmo um emissor, forma uma espécie de relação entre emissor e receptor que tende a antecipar certos efeitos de código e de mensagem. Um bom exemplo do funcionamento deste esquema é a relação que a criança pequena tem com certas histórias que ela escuta. Ela invariavelmente pede para o adulto contar de novo e repetir a narrativa com aquelas palavras exatas (hospedeiro). Ela quase sempre se fascina com os personagens malvados, como a bruxa e o lobo (hospício). Ela investiga a relação entre aqueles personagens e os signos que compõe a sua realidade (hospital). Ela sempre estará disposta e hospitaleira a escutar aquela mesma história como se fosse a primeira vez. Finalmente a escuta espontânea da criança é lúdica, escutar uma história é construir uma brincadeira.

Ora, esse esquema é válido para pensar a comunicação, mas se adapta com algumas dificuldades quando falamos da escuta. Nela, por exemplo, nem sempre o conteúdo informativo da mensagem é o mais importante. Para a escuta às vezes o essencial está nos desencontros e nas contradições entre código e canal, ou na incoerência entre a mensagem enviada e a recebida. Mas, principalmente, para os escutadores profissionais, trata-se de fazer o sujeito escutar sua própria mensagem que lhe chega invertida e cifrada a partir do outro. Nos interessa, como dissemos anteriormente, antes de tudo, que o sujeito "se escute" – se acolha e se cuide – para então poder escutar o outro.

Os estudiosos da história dos jogos[6] detectaram quatro tipos principais de atividades lúdicas no ser humano. E essas formas de brincadeira podem nos ajudar a perceber como a arte da escuta é uma espécie de arte do desequilíbrio do "bom funcionamento da linguagem". Algo assim como quando usamos de outro jeito o que foi projetado para uma finalidade ou com um propósito diferente do original. Vejamos estes quatro tipos associando-os às funções da linguagem:

---

6. CAILLOIS, Roger. *Os jogos e os homens:* a máscara e a vertigem. Lisboa: Cotovia, 1990.

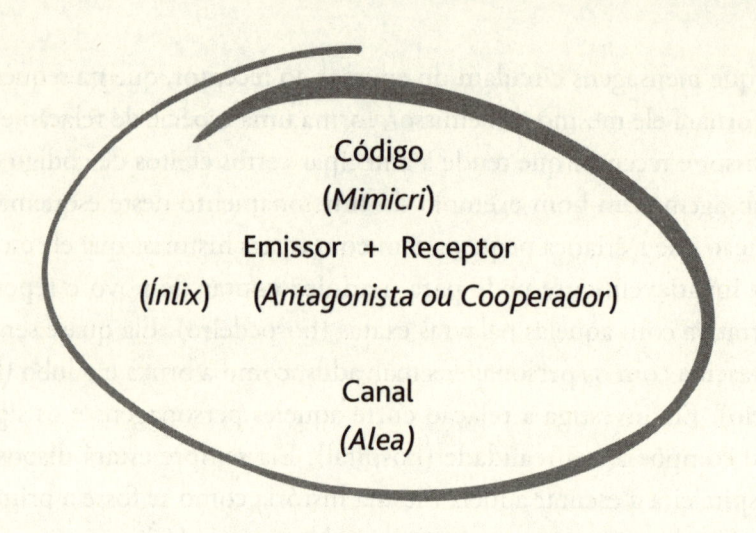

Código
(*Mimicri*)
Emissor + Receptor
(*Ínlix*)   (*Antagonista ou Cooperador*)

Canal
(*Alea*)

Jogos do tipo *Antagonista-Cooperador* colocam o outro como aliado (parceiro) ou antagonista (adversário). São os jogos mais correntes, como o futebol e o basquete, ou o xadrez e o gamão. Observe como eles geralmente se organizam em turnos, rodadas ou em oposições do tipo ataque e defesa, como a nossa conversa que inverte quem fala e quem escuta segundo uma alternância temporal. A mensagem que endereçamos ao outro terá também essa dupla valência, conjugando os interesses de um contra os interesses do outro. Jogos coletivos conseguem incluir interesses comuns de vários, combinando assim mensagens cooperativas e competitivas simultaneamente.

Jogos do tipo *Mimicri* são aqueles que têm estrutura ficcional ou de "como se". Nestes cria-se um campo de realidade simulada, com regras abertas ou fechadas nos quais se mantêm relações de comparação ou de divergência com o mundo ao qual a brincadeira se opõe, mas sobre o qual ela reflete. A brincadeira não é apenas uma atividade autogratificante e prazerosa, ela é também uma forma de pensar e simbolizar. Brincar de boneca ou de super-herói não é apenas uma preparação modificada para nossos papéis sociais vindouros, também ajuda a dar forma aos nossos ideais e desejos, a reconhecer as "regras" do jogo social no qual estamos imersos e, portanto, abrir soluções inusitadas para problemas mal formulados.

Jogos do tipo *Alea* são aqueles nos quais o motivo lúdico é o acaso. Jogos de dados, roleta ou também chamados "de azar" constituem um modelo para negar a principal função dos códigos de comunicação, que é estabelecer como as coisas devem ser ditas para serem bem compreendidas. O "ruído" na comunicação, o desentendimento e o equívoco geralmente indicam que o código não é tão fechado nem tão coercitivo assim. Ele pode gerar combinações imprevistas, de sorte ou azar, que nos fascinam porque são também um forte modelo para pensar a criatividade humana.

Finalmente os jogos do tipo *Ínlix* são aqueles nos quais trata-se de produzir uma sensação em nós mesmos, que nos tira do lugar ou da posição de senhor e dono de nosso próprio corpo ou de nossa alma. Por exemplo, quando a criança gira em torno de si até cair, brinca de prender a respiração debaixo da água, ou anda em cima de uma linha ou estabelece que só pode pisar no branco ou no preto de um quadriculado, ela está se propiciando uma situação de transe, espasmo ou concentração que a tira do mundo, e portanto nega o seu lugar soberano de administrador soberano de sua mensagem.

Escutar o outro é como um jogo que envolve estratégia e tática, ler as regras escritas e não escritas a partir das quais aquela pessoa se expressa, pensa e se coloca diante do outro. Um bom escutador sabe sempre que tipo de jogo está sendo praticado, justamente para, conforme o caso e a situação, promover giros ou mudança no tipo de jogo, e a mudança fundamental aqui é a do modo "não lúdico" para o modo "lúdico".

Na relação de escuta, tudo se passa como se problematizássemos na prática nossos modos de circulação de informação e de troca de mensagens e, para isso, nos perguntamos ou fazemos o nosso interlocutor ouvir a nossa relação com ele quando ele esperava apenas a eficácia da transmissão da mensagem, ou então a ressonância poética quando ele pedia por uma referência descritiva. Como bufões, nos fazemos desentender para revelar que o mal-entendido é a essência da comunicação.

Uma das coisas que tem tornado a experiência da escuta mais difícil e rara é que os progressos de nossa individualização nos tornam cada vez mais buscadores de resultados concretos e mensuráveis, o que nos subtrai do caminho e nos coloca antecipadamente em pontos de chegada. Escutar é essencialmente estar no caminho. Observe uma mãe ou um pai levando uma criança a pé para a escola. Enquanto os adultos correm querendo chegar, seus filhos brincam de pisar só nas pedras brancas, só nas pedras pretas, de andar em cima da linha ou de chutar pedrinha. Perguntam a todo instante, o que é isso, e por que aquilo. Obcecados, ou viciados em chegar, os adultos se esquecem de que a vida é feita de idas, idas e idas. Não à toa ao ficarmos velhos nos chamarão de idosos. Cegos e surdos ao caminho olhamos, às vezes tarde demais, para trás.

Olhamos para situações com uma espécie de óculos de avaliação bifocal. Na parte de cima enxergamos os riscos e benefícios, a segurança e a promessa. Mas na parte de baixo está nossa pequena máquina de calcular benefícios e investimentos, de modo que as relações tornam-se crescentemente organizadas por uma espécie de contabilidade de interesses, com o óbvio posicionamento de vencedores e vencidos. Isso afeta muito a situação de escuta, pois ela é, por definição, centrada mais no processo que no produto, mais dependente de caminhar junto que de chegar ao lugar certo.

8 | O pacto da escuta hospitaleira

Como o palhaço, nos colocamos no ponto de vista do outro reconhecendo a beleza e inteireza da vida que se apresenta diante de nós. Admitindo que nelas as coisas estão como estão em função de suas próprias causas, motivos e razões. Partimos assim da hipótese de que naquela vida nós é que somos o estrangeiro, que precisa descobrir as regras daquela cultura, não é aquela forma de vida que tem que nos dar satisfações ou justificar-se segundo nossos critérios.

Como o palhaço nos ocupamos de ler o sofrimento e a miséria dos outros, trazendo-os para nós mesmos e criando com eles alguma graça. O psicanalista não é apenas afetado cognitivamente pelo que seu paciente diz, mas também em seu corpo, em sua presença, ou no juízo mais íntimo do seu ser. Neste ponto, em que compartilhamos o dito e o semidito, no qual reconhecemos profundamente e sem meias-voltas os afetos piores e melhores, as certezas, mas também as indeterminações, *que a escuta do analista e do palhaço ultrapassam a mera simpatia, criando a intimidade necessária para formar a empatia.*

Assim, o pacto de acolhimento e hospedagem do outro é o começo da escuta. Se não conseguimos nos fidelizar na busca pela "interessância" do outro, a buscar o ponto de vista no qual a viagem se tornará enriquecedora para ambos, provavelmente a relação de escuta se transformará em outra coisa: persuasão, exibição, concorrência ou animosidade, quando não educação e obediência.

Como palhaços, brincamos a sério com os outros, devolvendo um fragmento de verdade que eles mesmos nos mostraram sem perceber. Nossa escuta não apenas acolhe e sanciona, ela também enigmatiza, questiona e critica. Como o bufão, que é capaz de dizer certas coisas para o rei, ou como Sancho Pança, que ajuda Dom Quixote dentro da sua viagem fantástica, o palhaço e o psicanalista oferecem palavras e presenças. Aqui, a escuta é hospitaleira. A escuta psicanalítica é, antes de tudo, parte da ética do cuidado, uma forma de permitir que o sujeito se escute e, a partir disso, cuide de si. Essa não é apenas uma técnica de gerência baseada na submissão a uma disciplina de procedimentos. Já dissemos anteriormente: neste livro ninguém vira psicanalista ou palhaço seguindo regras piamente.

Podemos dizer que a escuta envolve um contrato, cuja cláusula primeira é o acolhimento. Como todo contrato, este cria uma espécie de regra mutuamente consentida entre os participantes, regra que pode ser suspensa e suprimida a qualquer momento. Nos primeiros contatos de escuta, forma-se, assim, uma espécie de pacto, de acerto ou combinado, que pode ser, inclusive, transgredido, no andar da escutação.

1. Sentir o que o outro sente, assumir a perspectiva dele, segundo sua própria língua e suas próprias razões. Se não houver empatia (*Einfüllung*) entre analista e analisante, é melhor procurar outro. Para criar empatia, nessa situação, dependemos de uma autoridade suposta, mas principalmente da confiança que se estabelecerá nos primeiros momentos do tratamento. Isso nunca é certo e controlável, sendo nossa tarefa trabalhar para criar as condições favoráveis para que isso aconteça. Para ser bem executado, é preciso sair de si, não se levar demasiadamente a sério e orientar-se para aquela posição que seu paciente (ou sua plateia) requer.

Uma dificuldade típica do iniciante nesta matéria é ficar tão intensamente dedicado ao cumprimento de seu papel, a comportar-se com um bom psicanalista (ou bom palhaço), a cumprir as expectativas "criadas por si mesmo", que deixa de se preocupar com o que é realmente importante, ou seja, o outro.

2. Reagir com prontidão, em atenção ao tempo e cuidando das contingências de um encontro sem roteiro. A melhor escuta deve deixar o interlocutor o mais livre que puder na relação com as palavras. Se ele associa livremente, nós devemos nos esforçar por manter uma escuta equiflutuante, sem foco específico, mas atenta para ser capturada por um detalhe dissonante ou por uma variação de intensidade na fala. Ou seja, não basta colocar-se no ponto de vista do outro, é preciso também admitir que o outro não sabe tudo sobre si, que ele não tem os problemas e as soluções bem-postos em sua cabeça, afinal, se ele tivesse, não estaria te procurando.

3. Criar junto com o outro e deixar-se afetar pelo outro. Deixar-se levar, compartilhando, ainda que provisoriamente, não só suas opiniões e ideias, mas principalmente o que há de estranho no outro, suas incertezas e confusões, suas incoerências e descaminhos. Brincar é a nossa aprendizagem para a criação. *Ouvir* é uma faculdade sensorial e passiva, *escutar* exige receptividade, mas é, sobretudo, uma atividade. Infelizmente, dizemos que alguém é surdo tanto quando apresenta um distúrbio auditivo, quanto quando não consegue apreender e receber o que o outro diz. Escutar é uma disposição a reverberar, pontuar, ecoar, tencionar ou participar da fala do outro. O bom escutador é leitor de textos e de pessoas, alguém que se interessa por entrar na vida alheia porque ela é um desafio de leitura, como um bom livro ou filme que, ao procurarmos ler ou assistir, enriquecemos. Um bom escutador é como um bom editor, ele pode mudar um ponto para reticências ou exclamação, o parágrafo pode dividir ou reunir duas ideias, a vírgula cria um tempo de respiração, às vezes

um sinônimo muda tudo. Ele pode até sugerir um novo título para o capítulo, ou sentenciar o corte de uma frase em duas. Mas ele não é o autor do livro e deve respeitar a palavra final deste no aclaramento interrogativo do que está sendo dito, antes de interpor outra colocação.

4. O quarto tempo da escuta é o dizer. Esse dizer tem algumas exigências consagradas pela prática clínica, por exemplo: acompanhar o tempo da relação de fala (*timing*), buscar certa concisão pela qual a intervenção mínima trará o máximo efeito e, principalmente, algum efeito de surpresa ou descoberta. O dizer do psicanalista e do palhaço corta e edita, entende e desentende, recria o dito em outra forma, de tal maneira que, no final, encontramos naquilo que foi dito algo a mais ou a menos do que se "queria dizer". Quando isso acontece, a escuta completa-se em um tempo de leitura. Ler no outro os efeitos do seu dizer. Ler em si os efeitos do seu dizer sobre o outro. Pode ser uma fala oracular ou enigmática, pode ser uma denúncia intempestiva ou um silêncio que ressoa e critica o humor de uma situação. Aqui o modelo segue a simplicidade do gesto do palhaço, que quer agradar, mas não emular, que busca o aplauso, mas não a aprovação banal e gratuita. O tempo da leitura é o tempo pelo qual a experiência se tornará memória. É aquela conversa depois do filme, aquele relato depois da viagem, aquela história que contamos depois da festa, como que a arrumar o lugar de cada coisa e de cada detalhe para que a coisa possa ficar bem guardada dentro de nós, antes de seguirmos viagem.

9 | O hospital da escuta viajante

Além de jogar e representar, a arte da escuta exige as qualidades que se espera de um bom viajante. Há pessoas que viajam com um roteiro fixo em que qualquer contratempo é sentido como uma ameaça. Há outras que tiram tantas fotografias para lembrar-se depois, que conseguem se evadir do agora e não vivem o que define a essência da viagem, que é a arte do encontro contingente. Viajar é redescobrir-se outro, naquele país novo e diferente, e que nos tornará outros quando voltarmos para nosso lugar. Ora, entrar em contato com o desconhecido sem se sentir ameaçado por ele é o que esperamos de alguém disposto a nos ouvir e se surpreender com o que dizemos, como se fosse uma viagem feita com palavras.

Imagine alguém que pense a viagem como um deslocamento físico que tem um ponto de partida e outro de chegada. Imagine que essa pessoa faça planos muito minuciosos. Que leia e se informe detalhadamente de todos os lugares aonde irá, de tudo o que terá que comer e de visitar. Imagine agora que tudo saiu exatamente como planejado, e ao final tirou nota 10. Tudo correu tão perfeitamente conforme o esperado que podia até mesmo ter contado a viagem passo a passo para seu amigo antes de ter embarcado. As fotos que tirou são exatamente aquelas que queria tirar, por ter visto os lugares que viu dos mesmos ângulos que tinha estudado.

Avaliação final: a viagem foi chata. Só falta querer repassar as fotos para os amigos como se fosse uma aula. Da próxima vez, considere ler um bom livro em casa, pois vai te levar a uma viagem mais interessante.

Mas a estrutura da viagem depende do seu ponto de retorno. E o lugar de retorno, no qual a viagem termina ou se interrompe, é o parêntese da vida, o hospital para onde vamos restabelecer forças depois de uma longa jornada. Damos o nome de "restaurante" para lugares que servem comida porque inicialmente esses estabelecimentos tinham uma dupla função: albergagem e restauração de peregrinos.

A Alemanha é a terra de meu pai e de meus avós paternos e maternos. A terra da qual tinha ouvido falar tantas vezes na escola alemã em que estudei. Sem querer ou planejar, sentia que já sabia mais ou menos como as coisas seriam. Tinha até um maço de notas (marcos alemães, na época) que minha avó me dera como um presente simbólico. Vindo da Holanda, cruzei a fronteira e desci para abastecer o carro e, na hora de pagar, saquei garbosamente o maço de notas. O atendente olhou meio rindo, meio suspeito para mim dizendo que eu devia estar de sacanagem. Pânico. Será que eu tinha entendido certo "aquela" palavra? Coloquei o tipo de gasolina errado? Percebendo minha vulnerabilidade, ele piedosamente esclareceu que fazia uns vinte anos que ninguém usava aquelas notas. Elas foram recolhidas e talvez algum banco pudesse trocá-las, mas que ali ele precisava de dinheiro "de verdade". Eu gani algo como "perdão, mil desculpas... é que eu sou brasileiro". Ele, percebendo a fila se formar atrás de mim, rosnou de volta: "E daí que você é brasileiro? Eu sou turco".

Saí do posto de gasolina meio desarvorado com a falta de hospitalidade, e envergonhado com minha atrapalhação. Depois disso, ri de mim mesmo. Afinal, de onde eu tirei a ideia de que os alemães seriam receptivos, acolhedores e compreensivos, ainda mais com quem estava atrapalhando o funcionamento das coisas. De onde tinha vindo a fantasia de que eu diria "brasileiro" e alguém do outro lado diria: "Bem-vindo! Estávamos esperando por você! (Há uns vinte anos)".

Lição maior: não é só você que está viajando. Visto pelo ângulo certo, o outro é tão estrangeiro quanto você.

Depois disso senti-me imediatamente em casa... Mas agora de outro jeito. Descobri que viajar é sair do lugar, principalmente dos lugares imaginários e geralmente confortáveis onde nos colocamos e antecipamos os outros.

Entrei no carro e disse para minha esposa: "Vamos em frente!". Enquanto segurava corajosamente o mapa, e avançávamos na direção de um daqueles entroncamentos quíntuplos de pontes, estradas e pedágios, com aspecto de monstro de seriado japonês, feitos de lixo e poluição, prestes a ganhar vida própria (e pisar em alguns carros). Abri o mapa ainda mais e ele pegou uma rajada de vento, voando janela afora. Perdidos. Sem dinheiro. Em meio a um nó de estradas de alta velocidade, com o narcisismo abalado pelo ataque otomano e diante do Godzilla, que agora movia seu primeiro dedo mínimo rumo a Munique.

Do ponto de vista da eficácia prática de viajar, o que acabei de contar é uma sucessão de desastres. Foram vividos como tal e até hoje prefiro evitar aquela área. Mas, do ponto de vista do processo, essa sucessão de contingências me deixou a mais vigorosa lembrança sobre o que seria reencontrar uma terra imaginária. O resultado foi ruim, mas a experiência foi boa, deu uma boa história. É isso que um escutador quer extrair das pessoas, o processo, a experiência, para além ou para aquém dos resultados e seus fins. A viagem se completa com a história que fazemos dela, ou seja, quando conseguimos passá-la para outro que não estava lá, e dessa forma reconstruir e reparar nossa própria experiência. A viagem se completa quando nós a escutamos. Quando a escutamos nos tornamos parte de outras histórias; nesse caso, de meus ancestrais, mas agora de vocês que estão lendo este livro.

É a história que se conta e que se impõe aos fatos dos quais ela é composta. É o valor de memória dos encontros que se sobrepuja à eficiência do planejamento. Por isso aprender a escutar é aprender a errar, no duplo sentido de enganar-se, voltar atrás e corrigir-se, mas também de errar no sentido da errância, do perambular sem destino, como Moisés errou quarenta anos no deserto antes de achar a terra prometida. Muitas vezes chamamos de "jogar conversa fora", mas que para o escutador é só um pretexto para "jogar palavras para dentro".

Escutar é abrir-se para a experiência, acolhendo a vulnerabilidade e a contingência na qual ela nos coloca. Escutar é jogar, representar e viajar.

10 | A escuta que cura e o teatro da loucura

No século XVII, Erasmo de Rotterdam[7] dizia que existem dois tipos de pessoas. Os "loucos sábios", que sabem que a vida é uma loucura na qual as pessoas dizem uma coisa e pensam outra, em que nós representamos nossa própria comédia ou tragédia pessoal, para um auditório imaginário. A vida é uma loucura feita de ilusões e o domínio que acreditamos ter sobre nós mesmos e nosso corpo é enganador. Um teatro de som e fúria que nada significa, como disse Shakespeare. Nossas crenças e princípios mais sólidos se desmancham no ar da vida prática. Ocorre que há um segundo tipo de pessoa: os "loucos-loucos". Estes não sabem que a vida é uma representação, que somos confusamente atores e personagens, diretores e roteiristas de nossa própria vida. Os "loucos" são os que acreditam em si mesmos, que amam seus personagens mais do que a si mesmos, pois eles se transformaram, sem saber, em personagens de si próprios.

O palhaço é um louco sábio que sabe que toda vida é uma loucura e tenta tirar as pessoas das suas próprias loucuras loucas.

---

7. ROTTERDAM, Erasmo. *Elogio da loucura*. Porto Alegre: L&PM, 2010.

Nossa loucura é outro nome que damos para a vulnerabilidade, condição essencial e matéria-prima de nosso trabalho, mas, também, meio e caminho para que algo diferente seja criado. Escutar o outro é concorrer para que sua loucura produza algo mais e além de... mais loucura.

Ora, ninguém confronta a sua própria loucura em estado de conforto e segurança. Isso é sempre um passeio pelo lado escuro da força. Um passeio que envolve, do ponto de vista da prática da loucura, uma espécie de trabalho da dúvida e da incerteza. Onde a certeza prospera, o palhaço-psicanalista trará a dúvida e onde a dúvida prevalece o palhaço-psicanalista trará a incerteza. Esse movimento de equilíbrio e desequilíbrio envolve passagens mais ou menos regradas do modo competição ao modo colaboração, como será apresentado no capítulo 28. No cinema ou no teatro, na literatura ou na dança, esse movimento segue uma regra geral que é da tensão-distensão. Aumento de suspense ou desenlace? Incremento de angústia e indeterminação ou reasseguramento e tranquilização? Na prática da escuta, isso está coordenado primeiro pela arte de dosar o silêncio e encontrar a justa posição de escuta, e depois pela arte de colocar perguntas.

Quem escreve roteiros enfrenta um dilema estrutural: o que devo fazer a cada momento? Desenvolver o personagem, descrever sua vida interior, sua biografia, seu trabalho de memória, ao modo de Proust em *Em busca do tempo perdido*[8] e de aprofundamento que investiga "quem é o personagem" ou então retratá-lo no interior de uma ação, uma batalha ou um romance, tomando decisões e desenrolando acontecimentos que "mostram como o personagem age", ao modo de *Star Wars*. Focar no personagem aprofunda o eixo vertical da história, focar na ação privilegia o eixo horizontal da narrativa. Na técnica de improvisação teatral, os dois principais movimentos são *Expandir* (eixo vertical) e *Avançar* (eixo horizontal). Cabe aos atores-improvisadores, ao vivo, escutarem o que a cena está pedindo. Se realmente estiverem conectados

---

8. PROUST, Marcel. *Em busca do tempo perdido*. Rio de Janeiro: Nova Fronteira, 2010.

com o aqui e agora (hospedagem), saberão quando é hora de colocar uma ação para avançar a cena ou estender o momento aprofundando os detalhes, dando um respiro para a plateia se reposicionar ou digerir os acontecimentos.

Quando sentimos que a conversa está parada demais é porque a relação do personagem com outros personagens e situações não evolui. Quando sentimos, ao contrário, que as coisas se passam depressa demais, às vezes produzindo uma sensação de superficialidade, é porque estamos muito concentrados no eixo horizontal da narrativa, e provavelmente a plateia deve estar sedenta por descobrir qual será o próximo capítulo ou cansada de tanta correria.

A luta entre representação e apresentação remonta aos antigos tratados de retórica e aos primeiros discursos sobre arte. Pode assumir trajetos inesperadamente complexos quando pensamos no diálogo de sedução entre amantes em potencial, uma situação onde poderíamos ficar indefinidamente verticalizando nossos afetos e emoções. Mas é por isso que todo romance que se preze intercala estes momentos "fechados dentro de nossa bolha de amor" com a intrusão de um vilão ou problema inesperado, a luta contra um inimigo comum ou a aparição de inquietações internas insuspeitas. Não é por outro motivo que um dos primeiros romances modernos se chame *Ligações perigosas*, de Choderlos de Laclos.[9] Uma maneira moderna de ler nossas experiências de conflito e sofrimento é acusando uma separação entre a forma como *representamos* o mundo, os outros e nós mesmos e a forma como *agimos* sobre o mundo, sobre os outros e sobre nós mesmos. *Por isso a escuta também é a arte de nos tornarmos outros para nós mesmos, e deixarmos que o outro se torne um habitante de nós.*

Na arte da escuta estamos sempre, hospitaleiramente, equilibrando e desequilibrando nosso interlocutor, medindo, procurando e tateando o ponto no qual o conflito se mostrará mais interessante e produtivo. Na clínica, o ponto máximo dessa arte é a interpretação; na

---

9. LACLOS, Choderlos. *Ligações perigosas*. Porto Alegre: L&PM, 2015.

arte do palhaço, é o ponto imediatamente anterior ao desenlace da cena. O ponto máximo de suspense e de preparação da surpresa envolve alta capacidade de reter o silêncio e de trabalhar com o vazio, de preparar a hospitalidade para a chegada do estrangeiro inesperado, mas também o momento no qual a loucura, como jogo entre o sentido e a falta de sentido, dará sua palavra.

Há três grandes imagens que encontramos frequentemente na literatura, para descrever o que se passa em uma psicoterapia: o teatro, a viagem e o jogo. Há ainda uma imagem que parece sintetizar estas três, que é a imagem da guerra, com perdedores e vencedores, que envolve sair de seu território ou invadir o território alheio, assim como compõe-se de uma série de movimentos táticos e de estratégias para enganar o adversário e criar uma situação política ou belicamente interessante para um dos lados. Tanto o teatro quanto o jogo e ainda a viagem são práticas que envolvem etapas ou regras, roteiros ou preparações.

Quando Freud inventou a psicanálise, ele inspirou-se no teatro grego, nas tragédias em particular e na experiência da catarse como ab-reação dos afetos. Revivendo o que se passou, e reacomodando os afetos com as ideias, muito de nossa experiência de vida encontra a sua cura. Essa lição está na origem das psicoterapias em geral. Elas funcionam porque nós pensamos e analisamos nossa própria vida, como se estivesse diante de nós, num laboratório, mas curam ainda mais porque vivemos uma experiência com o terapeuta. Uma experiência de confiança e entrega, mas também de dúvidas e antagonismos que se repetem como se estivéssemos em um teatro no qual protagonista e coadjuvante não sabem de antemão qual é o roteiro.

Podemos olhar para a situação de fala e escuta com as três primeiras imagens em mente. Nelas o estar-junto, ou seja, a qualidade do encontro, tende a ser mais importante do que meramente chegar ao objetivo pretendido. Aliás, quando o sujeito quer muito chegar ao fim do jogo é porque a situação não está tão legal assim. Certa vez, atendi um jogador de tênis que tinha um problema em concluir suas partidas. Ele chegava em posição de grande vantagem no jogo, mas na hora do último ou do penúltimo *game* algo acontecia e ele começava a jogar pior e a arriscar bolas desnecessárias, o que invariavelmente tornava a partida mais difícil e às vezes levava a derrotas inusitadas. Trocamos "muitas bolas" até que ficou claro que ele era um jogador um tanto incomum para um profissional, pois ele realmente gostava de jogar. Não tinha entrado ainda no esquema tão massacrante de treinos e viagens que destrói a relação de tantos bons jogadores com o esporte que inicialmente amavam. Mas esse tenista gostava tanto de jogar que não queria ver o jogo acabar. Se ele ganha, a partida se encerra, ele tem que ir para o vestiário, falar com pessoas, e o tênis que é bom termina. Portanto, por que não "alongar" um pouco a coisa que estava tão legal? Agindo assim ele se colocava em risco, mas o caso nos mostra como o processo pode ainda ser mais importante do que o produto.

Inversamente, muitos jovens terapeutas têm dificuldades com o início do tratamento porque querem concluí-lo rapidamente. Dizem coisas que são verdadeiras, urgentes e valorosas, mas fora do tempo em que o outro pode escutar, ou pior, sancionando em demasia a gramática da situação em torno de avaliação-problema-solução. A rápida solução de um problema local pode ser o desperdício franco de uma ocasião para entender como aquele problema é um fragmento que revela algo estrutural muito maior e muito mais importante. Portanto, se antes de investir contra o problema tivéssemos examinado, viajado pela paisagem subjetiva onde ele acontece, teríamos ganhado mais. Ademais, a aceleração da fórmula avaliação-problema-solução cria um problema subsidiário que é o fechamento da escuta. Tudo passa a girar em torno de demandas e da solução de demandas, à medida que elas vão sendo resolvidas, isso pode ser muito bom para a empresa, mas é péssimo para as pessoas que se sentem vazias, mecanizadas e funcionalizadas como máquinas de desempenho.

Saber jogar ou brincar é importante para se formar na arte da escuta, mas o teatro também é. Trivialmente, criticamos alguém que encena, dramatiza ou que se apresenta como condutor impessoal de um papel, como um ator, do qual temos a impressão de falsidade. Contudo isso é apenas uma forma de dizer que aquela pessoa está praticando muito mal o teatro social, deixando transparecer uma relação pouco congruente entre o ator e o personagem, ou, ainda, com interrupções do diretor da peça ou do autor do roteiro no meio da encenação.

Escutar o outro implica alguma capacidade ou esforço para fazer o papel que este exige ou pede. Ora, quando alguém fala, este alguém vai construindo um mundo, com seus pressupostos, com sua história e com seus futuros possíveis. Neste mundo há um palco, e no centro do palco está o protagonista que estamos a escutar. Por isso, quando vamos entrar em cena, é preciso calcular, ainda que seja uma estimativa de afetos e afinidades, de que lugar vamos participar daquele mundo. É preciso entrar nele com cuidado e respeito, como quando entramos na casa de um desconhecido. Esse é também o desafio de um bom mestre de palhaços: criar o universo seguro de pesquisa para acolher o mundo que o outro lhe apresenta. Um picadeiro hospitaleiro e hospitalar o necessário para que seus aprendizes consigam acessar ao menos uma centelha genuína de si mesmos, escutem essa descoberta, e consigam compartilhá-la com a plateia. Roberto Benigni, protagonista e diretor de *A vida é bela*, diz que um palhaço interpreta a si mesmo. Ou seja, o mestre de palhaços não deve medir esforços para que, no final da jornada – *e cada viagem é sempre única e sem GPS* –, o seu aprendiz, no meio do picadeiro, não seja apenas um ator, mas um palhaço.

11 | A escuta hospedeira

Muitas pessoas perguntam como é possível modificar a vida de alguém indo a um psicanalista e simplesmente falando durante uma ou duas horas por semana. Que eficácia isso teria contra um maquinário longa e dolorosamente construído de hábitos, rotinas e atitudes? Como falar para alguém pode mudar conflitos e solucionar sintomas? A pergunta é razoável, mas supõe que nos transformamos por comunicação e esclarecimento das causas dos problemas. De fato um pequeno encontro por semana seria inócuo e pouco potente a não ser que consideremos que o mais essencial eventualmente não acontece ali, mas fora da sessão, quando os pacientes pensam e elaboram e, por fim, escutam o que foi dito. O momento em que a "ficha cai", tecnicamente falando, o momento do *insight* (iluminação) ou do *Einsicht* (percepção de si) frequentemente acontece quando menos esperamos. *Einsicht*, no alemão, vem do verbo *sehen*, "ver". *Einsicht* é tanto a visão interna de si, como uma vista, uma paisagem que se delineia, uma imagem que se forma.

No seriado *Dr. House*,[10] um médico rabugento resolve casos difíceis ao modo de Sherlock Holmes, só que desta vez seu auxiliar chama-se

---

10. House, M.D. NBC Universal Television Distribution. Direção de David Shore (2004-2012).

Wilson e não Watson. Na maior parte dos episódios, a solução vem quando ele está em um contexto totalmente diferente da investigação médico-diagnóstica, e uma associação de ideias ou uma fala fortuita o leva à hipótese correta. Assim também é na experiência da escuta clínica. Muitas das coisas que convidamos nossos pacientes a escutar já foram ditas por muitos de seus amigos, cônjuges, chefes, professores ou figuras fortuitas da sua história, às vezes até mesmo por figuras imaginárias como heróis literários. Ocorre que é difícil "encaixar" o que a gente já sabe com "outras formas de saber" que parecem impossíveis para quem está preso em um problema ou em um circuito de fechamento para a experiência ou para o outro.

Por isso o psicanalista Jacques Lacan dizia que o mais importante na escuta é não compreender cedo demais e não tentar compreender tudo. O bom escutador é um fingidor que finge tão completamente sua tolice que chega a fingir a ignorância que deveras experimenta. Poderíamos dizer até mesmo que verdadeiros líderes não são os que sabem de tudo, mas os que conseguem colocar no centro de sua experiência com o outro uma espécie de não saber. É porque eles não sabem exatamente como agir que se orientam para pedir ajuda, que criam grupos de trabalho para si aos quais respeitam genuinamente, pois sabem que dependem de cada qual para chegar a algum lugar. Um líder escutador tem por contraste o líder que fala, o condutor e maestro que com seus longos discursos e com sua atitude, em geral controladora, dirige as pessoas, mas não o processo.

Descobrir talentos e oportunidades não é uma operação comercial de escavação e garimpagem, mas uma prática pela qual nos tornamos hospedeiros de um saber que não nos pertence, e que nos proporciona satisfação em compartilhar. Uma gestão hospedeira se interessa pela multiplicação dos processos e dos meios tanto quanto pelos resultados e pelos fins. Do mesmo modo, Freud considerava o psicanalista como alguém que não devia ficar procurando a cura a qualquer preço. A cura vem por acréscimo. Ela é uma espécie de bônus por um processo bem-feito. Como o riso que os palhaços buscam, que não é o riso que vem no desfecho de uma boa piada, mas outro, carregado de outra dimensão e qualidade. Um riso que celebra e simboliza tudo que foi vivido antes do riso e que é mais importante do que ele em si.

Diz-se que um hospedeiro é vetor de uma doença, uma espécie de mosquito transmissor de um vírus, que muitas vezes não o afeta particularmente. Notemos que, para fazer essa função, ele precisa estar em contato com um indivíduo e depois com outro. A lógica do contágio é também a lógica da separação. Isso tem uma tradução específica na estrutura do encontro e se traduz pela pergunta: quando acabar?

Pensando nesse problema, Lacan desenvolveu a técnica das sessões de tempo variável. Não mais cinquenta minutos ou meia hora, mas sessões que duram conforme a lógica da situação de escuta. Sessões que têm por objetivo colocar o sujeito para reverberar o que foi dito... fora da sessão. Em vez de passar um tempo falando e depois esquecer tudo, para retomar na semana seguinte é preciso colocar o sujeito para trabalhar, fazê-lo sonhar, trazer lembranças e entrar em um estado de associação a partir do qual certas soluções lhe chegarão como o momento da descoberta do criminoso nos romances de detetive. Claro que nem sempre o corte que impulsiona o trabalho dá certo, por isso dizemos que a situação de escuta é uma situação de risco. É como contar uma piada, ou uma *gag*, no caso dos palhaços. Tudo pode estar favorável, a plateia (amigos no bar, ou pessoas no teatro) está ali, mas as palavras às vezes saem no tempo certo, na entonação certa, com a carga de afeto certo, e outras vezes não. Navegar é preciso, escutar não é preciso. Embora sempre necessário.

Muitas vezes o enigma remanescente de uma sessão torna-se trivial ou irrelevante na sessão subsequente, mas ao longo do tempo percebemos que acontece uma espécie de transmissão, não só da forma de pensar e de descobrir, mas da arte de escutar. Por isso dizemos que alguém que passou pela psicanálise tem a condição fundamental e insubstituível para se tornar psicanalista.

12 | Diálogo, elogio ou julgamento

O prefixo grego *dia*, presente em "diálogo", remete a "atravessar". Como em diâmetro. A linha ou medida que atravessa o círculo. *Logos*, do grego, "conhecimento" ou "significado", mas também "discurso" e "razão". Assim, dia-logo quer dizer o "significado que atravessa". Dialogar é, portanto, empenhar-se para que o significado do que o outro diz e do que o outro sente chegue até você.

Nosso entendimento comum identifica muito a escuta com o diálogo. Quando há diálogo as pessoas se escutam, colocam-se no lugar do outro e fazem a palavra passar de um lado para o outro, de tempos em tempos, o que os linguistas chamam de passagem de turno. Tem gente que quer ficar com a bola só para si, prejudica o diálogo porque não passa o turno. Tem gente que se assusta quando está com a bola, por isso fala para se livrar dela, nem sempre respeitando o tempo e a extensão do que queria dizer, o que também prejudica o diálogo. Há outras pessoas que, enquanto o outro está com a bola, saem da situação, ocupando-a com falsas interjeições (como "hum, hum" ou "entendo"), quando, em verdade, não se dedicam a receber com cuidado e atenção o que o outro está falando. Tudo se passa então como se já soubesse o que o outro vai dizer. Vemos assim que, ao contrário do senso comum, um bom diálogo acontece quando as pessoas não se "entendem" perfeitamente, ou seja, quando se estranham dizendo o que dizem, ou estranham o que o outro disse.

Um erro de principiante na arte da escuta é achar que quando estamos escutando ao mesmo tempo nos comunicamos perfeitamente, em uma espécie de "conexão" pela qual as palavras se tornam prescindíveis, porque a informação flui por uma espécie de canal mental de circulação direta. Ao contrário, nessas situações o que muito frequentemente acontece é cada um aceitar, cuidar e trocar turnos em volta do mal-entendido. É por isso que um psicanalista como Jacques Lacan dizia que o equívoco é a essência da comunicação. Quando não há equívoco não há escuta. Isso não ressoa perfeitamente como a arte do palhaço e suas trapalhadas, equívocos e desentendimentos?

Vamos imaginar uma situação. Você adora cães e, batendo papo com alguém, essa pessoa diz o contrário, que ela os detesta. A partir do seu referencial, provavelmente você vai *julgá-la* com os mais variados adjetivos: insensível, chata, desumana etc. A conversa pode acabar por aí. Mas... Você pode optar pelo diálogo e perguntar por que ela não gosta de cachorros. E então ela te explica que, quando tinha 3 anos, o cachorro da vizinha a mordeu na perna e ela levou vinte pontos. Neste exato instante aconteceu o diálogo.[11] Ou seja, o significado do *não gostar* te atravessou, evitando que você, que já estava julgando o outro por chatice e insensibilidade, *o sentenciasse* injustamente.

O diálogo traz para o seu tribunal interno, antes composto somente pela sua promotoria e por um juiz não muito imparcial (você mesmo), a parte que faltava no julgamento: a voz do outro. Escutar o outro presume que ele possui suas razões, seus motivos e está determinado por certas causas. Você não consegue se impedir de julgar? Então o faça

---

11. Este exemplo simples e potente do que é dialogo eu escutei de Arnaldo Bassoli, no módulo Diálogo e Comunicação Não Violenta, do curso de pós-graduação em Pedagogia da Cooperação e Metodologias Colaborativas. Arnaldo é fundador da Escola de Diálogo em São Paulo.
RICARD, Matthieu. *Felicidade:* a prática do bem-estar. São Paulo: Palas Athena, 2007.

bem-feito. Observe que, nos tribunais, o réu sempre tem o direito de apresentar sua versão. Se você quer manter o julgamento no horizonte, que tal levar em conta o ponto de vista do outro? A maior parte dos juízos que firmamos são mais rápidos do que deveriam, mais reativos e, portanto, mais defensivos.

Uma variante importante do diálogo é o debate. Do francês antigo, *débattre,* significa "lutar". Junção do prefixo *de*, ou seja, "completamente", com *battre*, "bater, golpear". Como em *embatre*, "bater contra, cravar". A etimologia da palavra diz tudo. Debater é lutar, golpear, bater completamente. Esse modelo de conversa supõe, portanto, que o outro é um adversário, um oponente que precisa ser derrotado. Em vésperas de eleições, nunca assistimos na TV a um "Diálogo dos Candidatos" em que eles pudessem trocar experiências e aprender uns com os outros, visando um bem maior, o qual sempre será o coletivo. O que vemos é um ringue em que um candidato procura golpear o outro, visando o bem individual: a sua eleição. Em culturas competitivas como a nossa, esse é o modo de conversa vigente. Gastamos boa parte da nossa energia no esforço por convencer o outro do nosso ponto de vista, por ter a última palavra, por "se sair melhor", por "sair por cima". Daí que sejam tão comuns o uso de expressões do tipo "eu vou além", "mais que isso", "não é bem assim".

Associamos o diálogo à cooperação, e a construção e o debate ao antagonismo e à competição. Esses dois polos da fala possuem seu correlato em termos de escuta: há uma atitude mais compreensiva da escuta, que se orienta para a construção de sentidos compartilhados, e uma escuta mais adversativa, em que o ouvinte a tenciona, desequilibra ou descompleta o sentido proposto. Enquanto a escuta compreensiva é vertical, aceitando profundamente o dito como dito, o dado como dado, a escuta adversativa amplia a dinâmica horizontal da conversa. Se a escuta compreensiva explora o assentimento por meio de um "sei" ou de um "entendo", a escuta adversativa introduz um "mas", ou um "por outro lado". Quando sentimos que o assunto está prestes a morrer, é possível que falte adversatividade. Quando percebemos que a conversa é infinita e não vamos chegar a lugar algum, provavelmente é porque há excesso de adversatividade. Um escutador medíocre deixa perceber que todos os elogios e razões que ele atribui ao outro, e que ele coloca antes do "mas", são falsos e hipócritas. Um bom escutador encontra razões realmente inusitadas para compartilhar com o outro a própria adversidade, deixando claro que ela é uma contradição que pode não estar acontecendo entre uma e outra pessoa, mas nas coisas mesmas. Que um e outro têm pontos de vista distintos, mas a própria realidade é indiferente a esses pontos de vista e ela pode ser adversativa para ambos.

Se você tem uma tendência para juiz ou promotor, se acha que isso é muito arraigado para ser alterado, considere a possibilidade de exercer sua função com maior rigor, ou seja, escute longamente as provas dos dois lados, os testemunhos, as dúvidas, as evidências da perícia, escute o advogado de defesa, considere o direito de pedir vistas. Revendo todos os passos da acusação, convoque as testemunhas oculares, acolha todas as informações com todo o tempo e parcimônia científica que o caso merece. Não dispense as "oitivas", como são chamadas as sessões dedicadas a ouvir os envolvidos em um caso.

Então o que estamos vendo é que o julgamento pode ser um modelo metafórico para a experiência de escuta, desde que não o identifiquemos com a emissão de pareceres e sentenças, mas com o lento e tantas vezes interminável processo que envolve constituir um advogado, formalizar uma queixa, traduzir essa queixa em uma linguagem pública e universal, estabelecer um foro, convocar testemunhas, criar o diálogo entre promotor e defesa, convocar jurados, especialistas, deixar que eles falem longamente, até que, enfim, e depois disso, alguma conclusão emerja.

Perceba que um julgamento presume uma estrutura dialogal: primeiro fala a acusação, depois a defesa, segue-se a réplica, daí a tréplica. Consulte seus arquivos. Fale com colegas e verifique a jurisprudência. Não se esqueça de ler os chamados "romances policiais" da literatura, para comparar casos reais conexos e exemplos raros que a ficção explorou *ad nauseam*. Tudo isso para nunca, nunca mesmo, sentenciar *antes do devido processo*.

13 | Por que o sapato do palhaço é grande?

Uma vez por ano eu promovo um processo de cinco dias para investigação da linguagem do palhaço. São encontros abertos a qualquer pessoa, não exclusivos para artistas cênicos. Na verdade, a cada vez, os grupos têm sido mais ecléticos: executivos, engenheiros, gente de marketing e de recursos humanos, educadores, psicólogos, donas de casa, e, sim, atores e palhaços.

Logo no primeiro dia, eu já lanço a pergunta: "Por que o sapato do palhaço é grande?". Essa questão é repetida várias vezes ao longo dos cinco encontros. À medida que o grupo vai se sentindo mais livre e confiante, os participantes começam a verbalizar suas respostas:

"O sapato do palhaço é grande porque o coração dele é grande também."

"Para ele poder ir mais longe."

"Para ele não se esquecer de sentir o chão."

"Para ele não cair com as bordoadas da vida."

"Para ele parecer engraçado."

"Para ele tropeçar e cair."

"Para ele parecer com uma criança."

"Para todo mundo rir dele."

Eu adoro observar quanto essas respostas revelam como cada participante vai sendo afetado pelo intenso processo. Só no último dia eu falo qual é a minha resposta. Ela é simples e concreta: "O sapato do palhaço é grande porque não é dele".

A concretude da colocação guarda uma metáfora: o palhaço simboliza nossa natureza humana, essencialmente despossuída, errante e perdedora. Somos despossuídos tanto porque é assim que viemos ao mundo quanto porque as posses que acumulamos ao longo da vida são provisórias. Elas criam nossos papéis e nossas identidades, mas o palhaço e o psicanalista estão aí para nos lembrar de que nós não *somos* nada disso. Dizemos até mesmo que *temos* um corpo e não que *somos* um corpo. A lembrança dessa condição de vulnerabilidade é muito importante para definir a primeira condição de abertura para a escuta, que vimos no palhaço e no psicanalista, é uma atitude ética e política. O primeiro passo para escutar é se despossuir: de seus personagens, de suas prerrogativas, de seus direitos, de sua língua, de seu circo neurótico particular.

Diante da incômoda pergunta sobre o que nós *somos*, escondemos atrás das tarefas e dos caminhos necessários para termos não apenas bens materiais, mas também simbólicos: roupas, carros, títulos e cargos. Como diz Eduardo Galeano, a sociedade "vive num estado de pânico de não chegar a ter o que se deve ter para chegar a ser". De fato, para muitas pessoas é preciso ter muito para poderem se sentir seguras para renunciar ou ceder à função simbólica do possuir. Geralmente uma vida não é suficiente para ter o necessário para não precisar mais ter.

Lembremos que o palhaço faz rir pelo que ele é, não pelo que ele tem. E assim também ocorre com o psicanalista, mas com um adicional lacaniano: o verdadeiro psicanalista é aquele que trabalha com seu *des-ser* e não com seu *ser*. Ou seja, o psicanalista que escuta está mais interessado em ajudar seus pacientes do que em *ser* um grande psicanalista. Ele está centrado nos seus analisantes, não em si mesmo e nas prerrogativas de saber.

Somos também errantes, porque nosso lugar é provisório e precário. "Estamos aqui de passagem", como diz a música, e para viajar é preciso sair de si, abandonar nossa cultura e a posição em que nos sentimos seguros e confirmamos nossos personagens e identidades.

Somos, psicanalistas e palhaços, enfim, perdedores, porque durante nossa viagem vamos inevitavelmente deixando coisas para trás. Projetos, ideias, experiências, amores, épocas da vida e até sonhos. Vamos perder nossa jovialidade, nosso tônus, nossos dentes, nossos cabelos, nossos pais. Se tivermos sorte, nossos filhos é que nos perderão. Não é por outro motivo que Lacan dizia que os psicanalistas são o rebotalho (o resto, o resíduo) da sociedade. (Parecia estar se referindo também aos palhaços.)

Só compreendendo e aceitando isso, o aprendiz de palhaço ou de psicanalista conseguirá baixar as guardas, tirar algumas das máscaras que vestimos no dia a dia e substituí-las pelo pequeno nariz vermelho. Se nada nos pertence, não há o que ser defendido. A consciência disso confere enorme poder àquele que se sabe perdedor: "O que tem a perder aquele que sabe que não tem nada?". É a partir desse "estado" que o palhaço exercita sua escuta do outro e do mundo. Estado de potência desguarnecida. "Estou aqui, inteiro, aberto e disponível."

A gente chama a exposição da combinação única que cada um faz, com o seu jeito de conduzir a sua errância, de lidar com sua despossessão e de enfrentar suas perdas por um nome: "vulnerabilidade".

14 | Sete regras para ser melhor escutado

Na atitude preliminar de escuta, em geral, vale a regra da reciprocidade. Ou seja, se você quer confiança, confie; se você quer autoridade, atribua autoridade; se você quer proximidade, ofereça proximidade. Há alguns exercícios que favorecem a experiência de vulnerabilidade e abertura para a experiência, necessárias para uma boa escuta.[12] Esses procedimentos permitem que a gente se vulnerabilize, possibilitando que o acolhimento do outro aconteça mais facilmente e que com ele nos tornemos melhores hospedeiros das palavras dos outros e das nossas próprias. Tais procedimentos estão baseados na aplicação deste princípio geral de reciprocidade ao campo da fala e da escuta:

---

12. As sete regras a seguir são inspiradas na leitura de Marshall Rosenberg e nas conversas que sempre temos com nossa amiga e mestra em Comunicação Não Violenta, Carolina Nalon, fundadora do Instituto Tiê, com a Alyne Quissak e Pedro Limeira, do Laboratório de Escuta e Convivência.
ROSENBERG, Marshall. *Comunicação não violenta: técnica para aprimorar relacionamentos pessoais e profissionais*. São Paulo: Ágora, 2006.

1. Falar em primeira pessoa

Nada de começar por "a gente acha...", "nossa empresa pensa" ou "nós ficamos com a impressão...". Primeira pessoa é: *eu*, no singular. "Eu achei", "Eu fiquei com a impressão". A vulnerabilidade começa por assumir para si, e não sumir de si. Falar em primeira pessoa é um antídoto natural para um terrível vício dos não escutadores: falar pelo outro, colocar palavras em sua boca, antecipar sentidos, conclusões por procuração e intenções supostas. Sem contar que apropriar-se das palavras que o outro "teria dito" ou antecipar intenções nos outros é uma forma de violência e de intrusão indevida sobre o silêncio dele. Falar pelo outro, tomar seu lugar de fala, desautoriza e minora o seu interlocutor. Ao privá-lo de suas próprias palavras, você o silencia no sentido de amordaçá-lo. É possível que a partir disso a conversa se torne um conjunto de correções irritantes de parte a parte, como por exemplo: "Não ponha palavras em minha boca", "Não foi isso que eu quis dizer", "Não é isso que está em questão", "Não é isso que importa". A pessoa começa a se defender de você e não só do que você diz ou pensa. Preste atenção: se algum dos envolvidos na situação de escuta está começando reiteradamente suas frases com um "não", algo está errado na estrutura da brincadeira. Experimente mudar o sentido do discurso ou criar um silêncio de ruptura ou reinício de conversa.

Fazer isso ajuda a assumir a responsabilidade sobre o que se sente. Por exemplo, você pode afirmar "Estou triste porque você viajou", deixando no ar que o outro criou um estado desagradável para você. Em vez disso, a formulação poderia ser: "Estou triste porque *eu necessito* me sentir seguro e sua viagem me desestabilizou". Sobre a primeira situação, você não pode agir muito, é o outro quem tem que voltar de viagem, enquanto isso você vive a ausência dele passivamente. Ao contrário, no segundo caso, você tem uma tarefa pela frente: como virar-se com uma vida em que o outro não está com você? Dessa vez, o desafio exige uma resposta ativa e implicada. Na primeira situação, você é vítima. Na segunda, protagonista.

2. Responsabilidade com o que se diz

Qualquer situação compreende algum grau de implicação de cada um dos envolvidos, mesmo que seja a implicação no cuidado consigo e com os outros. Se numa determinada ocasião você acha que errou, diga: "Eu errei". Repare que depois de "errei" vem ponto-final e não o abominável "Mas é que você também...". Culpar os outros é frequentemente um sinal de que não estamos conseguindo reconhecer nossa própria implicação ou responsabilidade no curso dos acontecimentos. Um dos piores tampões de escuta é a tendência à comunicação em espelho. Toda vez que você sentir que está falando com um espelho que só devolve, de forma invertida, o que você falou, pare e volte para o início da conversa. Confie que todas as situações têm pontos de ruptura e recomeço. Perceba também que há conversas que, uma vez começadas, tenderão a se reproduzir mais uma vez, em todos os seus detalhes irritantes e sórdidos. Quando você se perceber capturado no espelho, não hesite em sair: dê-se uma pausa, interrompa a situação, peça para voltar ao assunto no dia seguinte (e, desta feita, não deixe que "aquela" conversa recomece).

O principal vilão que nos leva à inconsequência com o que dissemos é nossa tendência a "falar o que o outro quer ouvir". E dizendo o que o outro que ouvir, o que a situação exige, o que a rotina impõe, vamos nos acovardando. Assim, vamos também embrutecendo e empobrecendo nossos modos de dizer. Ao final, sentimos que só estamos fazendo o que o outro "nos faz fazer" e renunciamos, quase sem saber, à liberdade oferecida pela linguagem.

O tempo é o segundo vilão que nos convida à irresponsabilidade com que dissemos que foi dito naquela hora, naquela circunstância, naquele afeto, que pode não ser toda a verdade no momento seguinte. O "Te amo para sempre" pode não resistir à ressaca do próximo dia. Como suportar então que não somos nós mesmos, que as palavras têm a ver com aquele tempo, e que o tempo muda e logo depois nos tornamos outros?

3. Exponha o que sente

Expor com sinceridade o que se sente, mesmo que sejam afetos menos nobres, ajuda a sustentar a posição de autor, sem que esta seja tomada pela reflexividade imaginária em espelho. Lembre-se: qualquer coisa pode ser dita para qualquer um, desde que encontremos as palavras certas e tenhamos o tempo necessário.

Evite começar uma frase por "você". Evite descrever, atribuir ou colocar intenções, ideias e desejos no outro. Em vez disso, fale de si, sinceramente, sempre que possível. Discorra demoradamente sobre suas impressões sobre o outro. Faça uma dieta da sua tendência telepática. Se você não consegue, ao menos evite a sequência na qual você descreve a mente alheia seguida de um qualificativo ou uma extensão temporal do tipo "você sempre..." ou "toda vez você...".

Trazer o foco para você (quer dizer, para o pronome "eu") contribui para diminuir a pressão sobre o outro, criando um espaço para que ele possa continuar te escutando. Mas expor o que se sente não é lavar a alma em um esfrega-esfrega afetivo que teria a função de justificar qualquer atitude. Partilhar sentimentos é manter-se fiel ao fato de que eles são mais bem vividos quando não têm a função catártica de nos desfazer de seu peso interior. Expor afetos não é o mesmo que vomitar emoções ou obrigar o outro a vivê-los compulsoriamente da mesma maneira que você. Se estiver precisando de uma sessão de descarrego, de botar os bofes para fora, de gritar, espernear, xingar até as paredes, melhor que seja com alguém não envolvido com a questão. Para isso que servem os amigos, os padres, os psicanalistas e os palhaços.

4. Cuidado com a denegação

Na introdução, dissemos que este livro não é um manual de regras para aprender a escutar, mas repare que neste capítulo é justamente isso que está acontecendo. Novidade. Freud descreveu um processo que ajuda muito a construir a situação e a escuta, que é chamado de "denegação". Sabe aquela pessoa que começa uma frase com "Não quero te ofender, mas...", ou então, "Não é isso que eu estou querendo...", ou, ainda, "Sabe este sonho que estou te contando? – pois é, essa mulher no meu sonho, eu não sei quem é, mas tenho certeza de que não é minha mãe". Ou seja, uma negação sem contexto, exagerada ou muito assertiva, pode ser lida exatamente com o sentido contrário: "Quero te ofender", "É isso mesmo que quero dizer" e "No sonho é minha mãe mesmo". Portanto, quando olhar para uma situação, tente localizar onde está o "não" que a organiza. Além disso, preste atenção e tente evitar frases que começam por "não". Principalmente: perceba quando for a quinta ou sexta vez que você repete um "não" ou um "mas" quando responde ao seu interlocutor.

Portanto...

Evite começar frases repetidas com a palavra "não". Pense naquela pessoa que está sempre corrigindo o que você disse ou substituindo o que você falou por palavras dela mesma, sem alterar muito o sentido que você havia dito. Geralmente, quando essa pessoa diz "não", ela está, na verdade, praticando o "sim", ou seja, dizendo não para suas palavras e se apropriando do sentido como se fossem dela. "Não" para você, "sim" para ela. É assim que aquela sua brilhante ideia acaba sendo apresentada como uma solução original de seu chefe... e ele nem percebe. O truque para identificar a denegação está na aparição de uma ênfase desnecessária, ou uma reatividade defensiva (ninguém está dizendo que a pessoa está fazendo isso, mas ela se defende da ideia como se estivesse sendo gritada pelo outro). Ou seja, ninguém está dizendo "x", mas a pessoa escuta "x" mesmo assim (= radioatividade denegativa na área). É pela força exagerada ou pelo deslocamento de contexto que se percebe quando estamos em denegação. Quando isso acontece, é melhor mudar de posição de escuta, pois você está sendo marcado pelo outro, de tal maneira que ele não consegue te escutar direito, ele está se defendendo de você.

5. Respeite o fluxo: pedir, receber, dar e retribuir

Em geral, as conversas são trocas sociais que começam por uma demanda. Localizar o que alguém precisa, quer ou o que a situação simplesmente exige é o primeiro movimento que precisa ser respeitado. Falar é pedir, ainda que não saibamos o que estamos pedindo. Compreensão, atenção, dinheiro, amor, obediência, respeito, tanto faz o que está sendo pedido, mas é pelo pedido que a relação de fala é uma relação de troca.

Pedir é um risco porque traz consigo efeitos do poder e da exposição de vulnerabilidade. Contudo, a arte da escuta envolve passar da situação em que uns têm (os que dão) e outros não (os que pedem) para a situação de compartilhamento. Pedir é potencialmente compartilhar o vazio, mas também aceitar que poderá receber um não (do contrário, estamos diante de uma ordem e não de um pedido). Compartilhar o que nos falta e o que temos ou teremos. Quem não consegue pedir, em geral, está demasiadamente dependente de experiências de possessão. Quem não consegue pedir terá dificuldade para escutar. Pedir é uma tarefa muito difícil para alguns e bastante fácil para outros. Mas, pensando bem, pedir é o início de uma sequência de trocas que nos liga ao outro. Pensemos no exemplo anterior. A demanda é *necessidade de segurança*. O fato: o parceiro ou a parceira foi viajar. Pois bem, o que você pediria para quem foi viajar no sentido de te ajudar a superar ou suportar a sua insegurança? Um telefonema? Uma lembrancinha tipo: "Estive em Fortaleza e lembrei de você"?

Diante do pedido cada qual terá que receber a mensagem. É isso que ensinamos às crianças, como pedir direito, com modos, no tempo certo. Mas o fato é que o pedido sempre demanda mais esclarecimentos, ele exige tradução, antes de ser sancionado e estabelecido como um pedido pertinente. O momento de tradução do pedido do outro, sem ferir nem submeter a língua na qual ele é formulado, é muito importante. A tradução pode ser feita em voz alta, como em "*estou entendendo que você me diz x*", ou "*estou tomando sua colocação no sentido y*" ou pela manutenção do silêncio, que "pede" por mais esclarecimentos.

Quando o pedido e a recepção foram suficientemente negociados, podemos entrar no ato de doação. É o momento em que a troca é selada, o contrato é assinado ou o assunto é decidido. Ele poderia ter como legenda o "dou minha palavra", ou "prometo", ou, ainda, tudo aquilo que leva o casal de amantes até o pé da cama. Escutar é dar seu silêncio e atenção, assim como falar é dar palavras para o outro. Escutar é receber as palavras que o outro te envia, receber com cuidado e com rigor, como se recebem presentes, mas também como se recebem ordens, ou uma carta, que requer leitura e interpretação.

Por fim, quando realmente escutamos alguém, isso nos coloca na situação de alguém que recebeu um presente. As palavras do outro são aquilo que muitos têm de mais precioso, no entanto, em geral, é dado mais valor aos objetos que circundam a troca de palavras. Por isso, para escutar alguém é preciso algum sentido de generosidade que nos coloca em gratidão pelo que recebemos. A retribuição é um tipo de dívida, que não se dá entre um e outro, mas de ambos em relação à experiência partilhada. É por isso que muitas trocas se encerram com um agradecimento, tantas vezes feito de modo meramente formal ou vazio, mas ainda assim índice de que a retribuição é a regra de fechamento de uma conversa. Muitas vezes retribuímos retransmitindo o que recebemos: boas piadas, experiências familiares, lendas urbanas e, também, histórias engraçadas ou trágicas. Quem escuta se faz testemunha e portador de um patrimônio que, no fundo, poderia ser de todos nós e que alguns chamam de cultura, outros, de memória coletiva e em alguns casos chegamos ao nível da arte.

Inversamente, podemos pensar naquelas atitudes que contrariam leis simbólicas a seguir. Há aquele que retém as palavras para si, como um avarento que não quer dividir nada que lhe seja precioso. Há também aquele que só quer falar, que se arroga o direito à importância de se apossar da palavra, e que, portanto, não deixa que aconteça a doação do tempo, da atenção e do cuidado, porque se comporta como se isso fosse uma obrigação ou um dever do outro. Há aqueles que se recusam a retribuir, por exemplo, os que são tratados com respeito e decoro, mas não são tratados com reciprocidade. Outro caso refere-se àqueles que encaram a retribuição como uma regra rígida demais, por exemplo, se te conto uma intimidade, sinto que você está "forçado" a me contar uma intimidade sua, se você não me participou de todos os detalhes, sinto que você está traindo nosso pacto.

6. Corra riscos... com cuidado

Escutar é uma atividade de risco, quem quer ficar em um ambiente seguro e sob controle deveria se afastar das palavras alheias. De fato é isso que muitos fazem, uma vez que a escuta compromete, cria equívocos e implicações. Fomos ensinados desde pequenos a não falar com estranhos. Quem visitou a Índia já ouviu um conselho que soa muito deselegante para os brasileiros: nunca responda a qualquer um dos inúmeros vendedores ambulantes que trabalham nas cercanias dos grandes monumentos. Nem mesmo um "não, obrigado" deve ser pronunciado, pois isso significa que você abriu conversações e que o tal sujeito pode segui-lo por três ou quatro quarteirões abaixando o preço ou pedindo explicações sobre por que o produto dele não é tão bom assim, ou, afinal, o que ele poderia te trazer de interessante ou que serviço ele poderia te prestar.

Nunca se sabe o que virá quando se abre uma porta. Por isso é compreensível a atitude de bolha na qual indiretamente regulamos quem e o que queremos escutar e quem deve ficar de fora de nossos circuitos de escuta.

Podemos nos sentir mais ou menos dependentes do outro a partir da economia de nossos pedidos, mas essa sensação de dependência não deveria interferir no sentimento de autonomia. Pelo contrário, pedir nos desloca da posição de observador passivo para uma posição ativa, de autor comprometido. Isso só pode acontecer se o pedido sincero comportar uma negativa sincera. Confira se o quanto você se autoriza a pedir é compatível com o quanto de recusa você está disposto a aceitar. Essa regra vale para a progressão da intimidade em um relacionamento: ofereça um pouco a mais ou um pouco a menos de intimidade do que o outro se propõe, e, se está disposto a lançar-se no abismo escuro, esteja pronto para bater com a testa no chão.

Escutar é um ato de coragem. Isso tem uma relação com o chamado "poder discricionário da linguagem", ou seja, quem determina o sentido da mensagem é quem a recebe, não quem a envia. Estamos relativamente livres para receber a mensagem do outro, facultando a quem escuta variar o ângulo e o acento de sua recepção, privilegiando um aspecto ou outro do que foi dito. Quanto mais alternativas de recepção alguém tem, mais escutador se torna. Os que pouco escutam restringem-se a um ou dois ângulos, do tipo aprovar ou reprovar, exercendo, assim, de forma muito opressiva, o poder de decisão do sentido da mensagem. Isso é crucial porque para o bom escutador importa abrir o sentido para a indeterminação produtiva, ou seja, nem o que eu quis dizer, nem o que você quis dizer, mas o que um terceiro: o mundo, a experiência, as coisas em si, o que o inconsciente quis dizer. Precisamente porque se abriu o momento da dúvida, do espanto e do não saber que podemos pesquisar juntos para ver do que é feito o sentido naquele encontro.

Quem pede se coloca diante do risco, pode ou não ser atendido, pode ou não ter seu pedido sancionado como válido (ainda que seja insatisfeito), pode ou não despertar alguma generosidade no outro.

Atenção: pedido não é ordem. Aliás, esse é o sinônimo pior que pode haver para ser escutado, ou seja, ser obedecido. Quando o pedido é atendido, gera uma expectativa de retribuição, que novamente pode ou não ser atendida. Mas lembre-se: as coisas que mais queremos não devem ser pedidas, por exemplo, amor, respeito, confiança e autoridade. Elas são efeitos da relação e não devem ser postas na posição de causa ou condição. Se você pede para ser amado e o outro te dá flores, você nunca vai saber se as flores são um sinal de que ele livre e espontaneamente te ama ou está te obedecendo apenas porque você pediu. Se um professor grita na classe: "Exijo que respeitem minha autoridade", ele está simplesmente declarando que não a tem.

Mas se não podemos pedir o que realmente importa, o meio para criar esses sentimentos sociais como o respeito e a autoridade é simplesmente oferecendo-os ao outro. Se você quer conquistar a confiança do outro, coloque-se em situações nas quais ele pode confiar em você. Jamais espere que à sua atitude de desconfiança, o outro responda de outra forma que não replicando, em espelho, a sua atitude.

A tomada de risco na escuta diz respeito justamente a esse tipo de aposta que fazemos contra o estado de ânimo básico e funcional que comanda nossas trocas sociais mais comuns, e por isso elas são sentidas tão frequentemente como superficiais, pois elas foram feitas para transmitir segurança genérica para as trocas, principalmente as econômicas.

A coragem da escuta está em contrariar o que é esperado por um determinado contexto. Por exemplo, contrariar os sinais não verbais de "me deixe em paz", contrariar a atitude de "mantenha distância" do chefe enfezado, contrariar a atitude de "me deixe em paz" do adolescente drenado por seu fone de ouvido. Naquela reunião onde todos estão lutando para fazer valer seu ponto, vender seu peixe ou impressionar o outro, um comentário fortuito, que rompe com a rede de expectativas, pode fazer toda a diferença entre ser escutado pelas palavras que você diz e ser escutado como reprodutor da posição ou papel que esse já espera de você, ou que você construiu para si como seu castelo defensivo.

Quando pensamos em coragem, nos ocorre a virtude guerreira clássica e a situação de competição ou antagonismo. Contudo, existe outra forma de coragem, a qual poderíamos chamar de coragem cognitiva, aquela que nos faz correr o risco da vergonha ou da inadequação em torno de uma ideia ou opinião. Corajosos desse tipo devem dedicar-se a amealhar um bom repertório de informações, dados e sabedoria para que o risco tomado, por exemplo, quando se discute um assunto, fora dos códigos que o envolvem, não seja apenas a tolice de quem desconhece o perigo.

7. Distinguir: culpa, responsabilidade e implicação

Escutar é, frequentemente, uma atividade que se desenvolve em torno da procura das causas, da tomada de decisões ou da procura de respostas. Daí se depreende que a estrutura mais geral da conversação está nas perguntas ou nas questões que nos movem a procurar o outro. Aristóteles dividia os discursos em três gêneros: o judiciário, o deliberativo ou político e os elegíacos ou de louvor. Nos três casos há uma causa, que organiza e orienta o diálogo, esteja ela no passado, no futuro ou no presente. No caso dos discursos político e judiciário, a orientação é para a disputa do antagonismo; no caso do discurso de louvor, ela é colaborativa. Podemos dizer que essa causa é a determinação da culpa no discurso judiciário, a distribuição de responsabilidades no discurso político e a escolha da implicação no discurso elegíaco. No caso do discurso político e do elegíaco, o sentido é para o que fazemos juntos, ao passo que no discurso judiciário é para os fatos do mundo e para as coisas.

Implicação é um termo lógico que tem a ver com a consequência que damos às palavras. Responsabilidade é um termo jurídico relacionado ao nível de autonomia de que dispomos para criar, seguir e justificar nossas regras de ação. Culpa é um termo moral ligado à violação de preceitos, ideais ou expectativas. A implicação produz sujeitos e desejos, a responsabilidade produz compromissos e reparações, já a culpa produz vítimas e carrascos, santos e vilões. Mas, com frequência, produzimos culpados unicamente para não nos perguntar sobre nosso nível de responsabilidade, e nos contentamos com a responsabilidade jurídica ou moral, apenas para não confrontarmos nosso próprio desejo. A responsabilidade e a implicação acontecem em silêncio, a culpabilização e a denúncia são ruidosas, por isso exteriorizam em palavras o que não conseguimos conciliar com o silêncio em nós mesmos. Responsabilizar aponta para a solução. Culpar aponta para o problema.

15 | Caso clínico: o falso vulnerável e o seu pit bull de estimação

Ainda que alguns se especializem em se apresentar como vítimas da própria sorte, em geral, essa apresentação é refratária à verdadeira vulnerabilidade. Um teste simples permite descobrir isso. Repare como tão frequentemente o tipo de desamparado reage com virulência quase agressiva quando uma proposta ou ideia que o contraria é apresentada. Consideremos este discurso típico do falso vulnerável:

> Estou desesperado e perdido, não sei o que fazer. Na verdade, estou disposto a fazer o que quer que seja para sair desta situação na qual estou. Por favor, me diga alguma coisa, me dê uma pista ou opinião, vou aceitar qualquer coisa.

É nessa hora que você responde com uma opinião "razoável" e é surpreendido por uma resposta agressiva. O falso vulnerável responde com arrogância e não com humildade diante da experiência. Você ouvirá coisas como "Isso eu me recuso a fazer". "Todo mundo sabe que isso dá errado". "Você não está entendendo o meu problema, eu já tentei de tudo". Quando você menciona algo óbvio, mas extremamente custoso do ponto de vista subjetivo, a pessoa reage contrariada, com uma surpreendente certeza (para alguém que três frases antes se dizia desesperadamente perdido): que aquilo não vale e que ela sabe que não vai dar certo.

Vulnerabilidade não é vitimização. Muito pelo contrário. Ao se expor, o verdadeiro vulnerável torna-se protagonista do espaço criado para o encontro com o outro, enquanto o falso vulnerável fecha a porta e solta os cachorros. O falso vulnerável inverte rapidamente o semblante de desamparo em onipotência reativa. O desespero da incerteza vira convicção inabalável. O apelo por uma mão amiga, qualquer uma, é recebido com uma dentada de pit bull.

Por que exatamente isso acontece?

Todo apelo, queixa ou pedido comporta uma espécie de contradiscurso, que é uma resposta óbvia para a situação. Por exemplo, você sai com aquela pessoa bacana e interessante. Queria encontrá-lo de novo, mas não quer dar bandeira que está muito interessada, pois acha que isso a tornará imediatamente uma *stalker* e o afastará. Você sabe da importância de ele sentir sua falta e procurá-la "espontaneamente" no tempo certo. Você sabe, mas não se conforma. Então começa a ligar para várias amigas pedindo conselhos do que fazer. Você sabe que se ligar para a amiga A ela te dirá: "Liga porque todas formas de amor valem a pena". Se você ligar para a amiga B, ela te dirá "Não rasteje diante dele, tenha um pouco de dignidade, ninguém é capaz de amar geleias carentes". Quando você escolhe ligar para A ou B, é como se estivesse ligando para o *disk-pizza* do que quer ouvir. Muitas vezes isso torna a situação ainda mais enlouquecedora.

Toda relação, todo laço social, forma o que se poderia chamar de primeira resposta para a pergunta. É o que torna odioso quando confidenciamos algo para nossos pais e eles dizem, mais uma vez, aquilo que você sabia que eles iam dizer, mas não é o que você queria ouvir. Uma boa escuta não se contenta com a "primeira bola", ela não se contenta, e também não desconhece qual seria a resposta "esperada", mas vai atrás daquilo que aquele que te fala ainda não escutou em seu próprio pedido. Porque o que os outros estão dizendo não está bastando, ele te procura. Tente evitar ser mais um a dizer o óbvio para quem não está conseguindo escutá-lo.

Não imagine que as pessoas estão sedentas por serem escutadas, pelo contrário, elas vão resistir. A maior parte dos desesperados está sequioso de ouvir algo muito específico que eles já sabem o que é, ou seja, a confirmação de suas crenças subjetivas (ainda que seja a confirmação de que não há nada a fazer). Em outras palavras, não é porque as pessoas vivem situações de desespero que isso as torna mais aptas ou disponíveis para se escutarem. Escutar o outro nessas circunstâncias é como se aproximar de alguém que está se afogando. Provavelmente você sairá machucado, um tanto aflito e engolirá água também. Se você se deixa levar pelo apelo e pelas mãos abertas em sua direção, certamente elas te agarrarão levando os dois para o fundo do mar. Em situação de desespero, a melhor aproximação é pelos lados, mantendo a calma e evitando responder à demanda, que provavelmente voltará em espelho contra você.

16 | Os quatro "agás" da escuta

Estamos insistindo em como a escuta começa por uma espécie de renúncia a exercer o poder, tanto do lado do psicanalista quanto do palhaço. E o poder existe e se repete em discursos cotidianos. Na série de YouTube, *Fala que eu não te escuto*,[13] Cláudio Thebas percorre ruas e áreas de comércio fazendo perguntas do tipo: "Como eu faço para chegar ao banco mais próximo para cometer um assalto?", ou "Quero colocar uma bomba nesta loja, como faço para chegar lá?", ou ainda "Quero fazer uma ataque terrorista em tal lugar, fica para a direita ou para a esquerda?". As pessoas respondem educadamente indicando caminhos e até os lugares mais favoráveis para os crimes anunciados. Tudo isso porque elas não estão escutando exatamente o que foi dito. Muitos são atendentes, porteiros e funcionários que estão bastante acostumados a dar informações, e cuja função é exatamente essa. O circuito de falas que se repete e organiza nosso cotidiano como um fluxo funcional torna-se tão rápido e eficaz quanto "menos" nos escutamos.

---

13. *Fala que eu não te escuto* (ep. 1). Disponível em: <https://www.youtube.com/watch?v=RjduZOAXNBo>. Acesso em: 29/04/2019.

Esperamos que tenha ficado claro até aqui que escutar dá trabalho, toma tempo e envolve riscos.

Note como frequentemente conjugamos a palavra "escutar" junto com "parar", por exemplo: "Parei para escutar o que eles estavam dizendo", ou "Foi naquele momento que 'caiu a ficha' do que estava acontecendo". "Cair a ficha" é uma expressão que remonta aos tempos em que havia telefones públicos chamados "orelhões". Para fazer uma ligação era necessário inserir uma ficha. O procedimento era: erguer o telefone do gancho, inserir a ficha, digitar os números do telefone desejado e... esperar. Quando a pessoa atendia do outro lado da linha, ouvíamos um barulho característico da "ficha caindo" no receptáculo de armazenagem. Se o outro não atendesse a ligação, você colocava o gancho no lugar e a ficha voltava para você, fazendo outro tipo de som, muito mais metálico.

Por que essa expressão se consagrou e sobreviveu à existência real de orelhões? Porque ela capta com acuracidade o momento-chave em que a escuta depende de uma ligação que é "sancionada", o que é indicado por um momento, por um instante de "suspensão" do fluxo. As pessoas do *Fala que eu não te escuto* estavam presas ao discurso antecipatório que marca e dá agilidade ao cotidiano, mas também o esvazia de interações significativas. Outro aspecto decisivo da experiência é que, nessa repetição de sentidos antecipados, referendamos relações de poder. Já sabemos quem você é, pela forma como se veste, pelo carro que dirige, pela forma como usa as palavras. E se já sabemos quem você é, sabemos também o que você vai dizer e como devemos nos comportar: obedecendo.

A verdadeira escuta é um ato político, porque ela suspende os lugares constituídos para colocar todo centro e poder nas palavras que estão efetivamente sendo ditas, independentemente de quem as está pronunciando. Quando as práticas feministas insistem na importância da interrupção da fala da mulher pelo homem (*manterrupting*), do silenciamento, na desclassificação (*gaslighting*), na tradução ou apropriação de ideias (*bropriating*), na determinação do sentido da conversa (*mansplaining*) que os homens habitualmente impõem às mulheres, elas estão denunciando exatamente isso. É daí que veio a noção de "lugar de fala",[14] ou da expressão "de um ponto de vista feminista", como uma forma de acentuar e exagerar fenômenos de poder ligados às antecipações de sentido que fazemos, inclusive quando nos autorizamos a falar pelo outro e a nos apropriarmos do sentido do que ele diz.

Por isso, queremos pensar também o que seria o "lugar de escuta", que possui uma condição de base homóloga, a saber, a vulnerabilidade. Este é o ponto de partida para as quatro modalidades de escuta que apresentamos aqui:

1. *Hospitalidade*: acolher o que o outro diz na sua linguagem e no seu tempo próprio.
2. *Hospital*: cuidar do que se disse, como se cuida da relação entre os que se encontram debilitados.
3. *Hospício*: permitir ser quem se é, abrindo-se ao estrangeiro, em nós e no outro, com todas as incoerências e contradições.
4. *Hospedeiro*: carregar, compartilhar e transmitir a experiência vivida.

Vulnerabilidade promove conexão. Se por um lado eu abro minhas portas para que o outro me habite, por outro também revelo que o mais precioso nessa jornada é encontrar igualmente um ponto de parada, uma clareira, um lugar onde, ainda que por pouco tempo, possamos nos "hospedar". Hospedar é acolher, receber, sentir satisfação em dar guarida ao viajante exausto ou ao guerreiro ferido.

Paul Grice,[15] grande estudioso da arte da conversação, dizia que há dois princípios que deveriam presidir as trocas de palavras. O primeiro é o princípio da caridade, por meio do qual concedemos

---

14. RIBEIRO, Djamila. *O que é lugar de fala*. São Paulo: Letramento, 2018.
15. GRICE, Herbert Paul. Lógica e conversação. *Crítica: Filosofia da Linguagem*, 10 nov. 2016. Tradução de Matheus Silva. Disponível em: <https://criticanarede.com/lfs_conversas.html>. Acesso em: 29/04/2019. Página indisponível.

ao outro e a nós, que o sentido e o significado do que se quer dizer é difícil de ser obtido. A caridade significa, nesse contexto, a disposição para desculpar e tolerar que o que foi dito se comporta sempre a mais ou a menos do que se quis dizer. A caridade é a atitude de reparação constante desse problema estrutural. O segundo princípio indica a atitude de contribuição ou de acréscimo ao que foi dito. Acrescentar informação, dizer algo novo, contribuir para o avanço da série de ditos pronunciados nos remete ao aprimoramento da construção compartilhada de sentido.

Desses dois princípios, o linguista americano extrai oito regras conversacionais, que uma vez seguidas por todos nos levariam ao aumento da concórdia e ao mútuo entendimento:[16]

1. Faça sua contribuição tão informativa quanto for exigido (para os objetivos atuais da conversa).
2. Não faça sua contribuição mais informativa do que é exigido.
3. Não diga o que você acredita ser falso.
4. Não diga aquilo para o qual lhe faltam indícios adequados.
5. Evite a obscuridade de expressão.
6. Evite a ambiguidade.
7. Seja breve (evite prolixidade).
8. Seja organizado.

Percebe-se por essa enumeração sumária que palhaços e psicanalistas vivem da corrupção sistemática e metódica de quase todas as oito regras. Eles adoram ambiguidades, inversões e confusões. Desorganizam nosso discurso e nosso planejamento. Falam coisas verdadeiras que são falsas e outras falsas que parecem profundamente verdadeiras. Especulam e criam mundos dos quais eles não sabem e enigmas que podem ser obscuros ou aparentemente desnecessários. Desdenham da potência das informações como instrumento para transformar vidas e pessoas.

---

16. Ibidem.

Mas há uma regra que ambos respeitam: a brevidade e a concisão. Falar demais é o primeiro princípio de quem não está escutando.

Contudo, psicanalistas e palhaços estão de acordo com os dois princípios gerais: caridade e contributividade. São esses dois princípios que se reúnem na noção de escuta hospitaleira.

Hospitalidade compreende, portanto, certa abertura para a generosidade, assim como o *hospedeiro* quer se multiplicar, viralizar e generalizar a experiência obtida. Grice não parece ter dado tanta importância ao fato de que há motivos pelos quais, em certos momentos, a troca de palavras não se reduz ao fluxo de informações. A troca de palavras tem um efeito secundário de cura ou de reconstrução e procede de um desentendimento irredutível entre nós e a linguagem, que aqui estamos chamando de "loucura pessoal do homem são", ou nosso hospício íntimo.

Se você quer começar a ampliar a sua escuta, mas acha que não é muito bom com as palavras, comece convidando pessoas para sua casa, para jantares, festas ou reuniões, a pretexto de qualquer coisa. Aprender a receber alguém e deixar o outro em casa, na sua casa, é o começo e a origem para a escuta hospitaleira. Perceba como os princípios que um bom anfitrião deve seguir são análogos aos de quem quer escutar o outro: não impor suas regras, oferecer o melhor, interessar-se genuinamente pelo outro, esforçar-se e empenhar-se para deixá-lo à vontade. Cuidado nessa hora. Se o hóspede confundir empenho com esforço, pode passar a acreditar que "está dando muito trabalho" e sua hospedagem lhe será um peso. A função hospedeira da escuta exige distinção entre atenção e sufocamento, liberdade e abandono.

Uma das formas de acolher a nossa vulnerabilidade e compartilhá-la com outro é experimentá-la como uma insuficiência do saber. Isso se mostra, na prática do diálogo, por meio da alternância do silêncio e do vazio, da fala e da escuta, do consenso e do dissenso, da aproximação e do distanciamento do outro. A relação do palhaço, seja com uma plateia numerosa, ou com apenas uma pessoa, se dá nesse movimento de contração e expansão. Uma pulsação que não é dele, nem do outro, mas dos dois. Os linguistas descrevem essa alternância entre quem fala e quem escuta como "troca de turno". O turno marca o ritmo da conversa, e é uma passagem que nós fazemos espontaneamente, a partir de certas dicas, do tipo, um olhar, uma pausa, uma pergunta. O turno pode ser cedido espontaneamente, mas, em uma conversa mais tensa, pode ser disputado. Quando o turno é objeto de antagonismo declarado, surgem exclamações ou queixas como "deixa eu falar!". Esse tipo de sinal pode indicar que você não está sendo um bom anfitrião. Em vez de trabalhar para deixar o outro "sentir-se em casa", servir seu melhor prato e oferecer sua melhor cama, você quer que o convidado siga as regras da casa. Em vez de deixá-lo livre para se interessar pelo que bem quiser, você quer impor uma visita guiada ao museu. Em vez de deixá-lo descobrir os encantos do lugar no seu próprio tempo e ritmo, você quer impor um roteiro, baseado na sua experiência, não na de seu hóspede. Como diz o rabino Nilton Bonder,[17] escutar seja, talvez, o maior gesto de *hospitalidade*.

Ser hospitaleiro requer o cultivo de um silêncio interno. Esse silêncio pode acontecer de várias maneiras, mas sempre terá o feitio de um parêntese ou de uma descontinuidade. É assim que passamos da *hospitalidade* para o *hospital*, nesse intervalo da vida no qual podemos cuidar de nós mesmos. Fins de semana podem ser como hospitais para a rotina devoradora de almas. Férias são um hospital para a renovação de sonhos ou para a elaboração de pesadelos. No início, os hospitais não eram lugares de medicina, cura ou tratamento, mas de retiro espiritual, onde se ia para morrer e refletir sobre a finitude da vida. Hospitais são lugares de cuidado e silêncio, de meditação e parada. Depois de acolher o outro, a escuta deve tratar, colocar em cima da mesa de cirurgia, trazer à luz, colocar em questão o diagnóstico da situação e investigar o que nos inquieta no mal-estar.

---

17. BONDER, Nilton. *Tirando os sapatos*. Rio de Janeiro: Rocco, 2008.

17 | A potência do silêncio

É muito importante não confundir o silêncio do desinteresse da indiferença ou da reprovação com o silêncio da atenção e do acolhimento. O silêncio da escuta é ativo, pulsante, vigilante e repleto de interpolações, daí que é melhor quando não seja percebido. Vale aqui a regra médica de Hipócrates: produzir os maiores resultados com o mínimo de intervenção. Escolher com precisão o momento em que poucas palavras trarão grandes efeitos. Essa é a atitude de cuidado que esperamos no hospital. Não só cuidado que o outro nos dispensa, mas o cuidado que temos conosco.

Quando recebemos um paciente em psicanálise, há um período inicial de entrevistas preliminares. Durante as entrevistas, que podem durar algumas semanas, e às vezes tomam meses, analista e analisante avaliam a necessidade e as condições para a viagem de escuta que se avizinha. Considera-se, por exemplo, se aquele analista será o melhor para aquele analisante, se há tempo e dinheiro, se as questões diagnósticas são tratáveis pela psicanálise. De tal forma que estamos em uma espécie de preparação das malas para a jornada, ou na abertura, ou nos primeiros movimentos de um jogo de xadrez. Surge assim uma pergunta clínica: quando saber que a análise começou? Trata-se não apenas de uma decisão técnica, mas principalmente ética, que é a de acolher e aceitar a aposta com aquela pessoa. Há extensas discussões teóricas a respeito e vários modelos possíveis para entender esse ponto. Tenho para mim um critério prático, que tem se mostrado bem efetivo ao longo do tempo. A análise começa quando podemos ficar em silêncio.

Ora, isso coloca, obviamente, a necessidade de ler o silêncio, e há vários tipos deles. Há o silêncio agoniado daqueles que precisam ocupar o vazio com qualquer coisa, ainda que sejam palavras vazias. Há o silêncio constrangido dos que não sabem onde colocar as mãos, e por isso elas se avolumam de modo insuportável. Há o silêncio que pergunta desesperadamente: o que ele quer ouvir? E há o silêncio morto, vazio que surge como uma espécie de branco. Há muitos silêncios, mas há aquele que às vezes pode durar muito pouco, do ponto de vista da sua extensão, podendo aparecer com um pequeno suspiro ou um sorriso de soslaio, mas que diz de alguma forma que podemos ficar em silêncio. Quando esse silêncio torna-se possível uma vez, é sinal de que o trem apitou e podemos embarcar para a jornada do inconsciente.

O silêncio da escuta hospitaleira e hospitalar ameniza a prontidão com que estamos acostumados a sentenciar perguntas e respostas, problemas e soluções, ofertas e demandas. É um silêncio robusto suficiente para neutralizar os anticorpos da negação e escutar o que o silêncio do outro, que se infiltra no meio das palavras dele, pode estar te falando. Mas a hospitalidade da escuta é primordial para que aconteça o fundamento e a base de toda escuta possível, ou seja, para que o sujeito *se escute*.

Pense, o que haveria de tão mágico em algumas palavras trocadas durante meia hora ou cinquenta minutos, algumas vezes por semana, de tal forma que isso teria força para transformar a massa movente e inercial de uma vida? Muito pouco, a não ser que consideremos, como já dissemos, que a parte mais importante da análise acontece fora das sessões. Os encontros são a oportunidade para que uma pequena fagulha se insinue, para um pequeno empurrão ou uma perturbação inquietante se instale, como uma pequena pedra jogada em um imenso lago. As intervenções devem adquirir uma eficácia que ultrapassa o encontro, e que atua a partir da hospitalidade como pílulas de "re-escutamento" de longo prazo.

O vazio é o espaço interno onde o silêncio age. A arte da escuta poderá ser comparada à arte da produção de um vazio. Um vazio que nos tira do lugar e permite o movimento. O vazio que resta quando tiramos nossas vestes, nossos papéis e nossas identidades. O vazio que se manifesta como silêncio ou incerteza é o ponto de partida e de chegada para a fala do outro. O oco essencial para que as palavras do outro ecoem e este seja capaz de ouvir. Tempo necessário para que as emoções tenham espaço para reverberar e encontrar a ressonância comum entre quem fala e quem escuta. O vazio é antes de tudo um lugar oferecido ao outro para que ele te habite. *Quando você escuta o outro, está dizendo para ele: eu tenho um lugar para você em mim.* Esse lugar que já está em cada um de nós agora pode receber um nome. É o lugar de tudo o que é estranho, incompreensível e enigmático em nós. É o lugar de nossa própria loucura. É o lugar onde acolhemos e cuidamos para que o outro expresse a dele. Lugar onde ambos se permitem ser como são. Uma boa escuta não deve se intimidar diante da experiência do *hospício*. Ela deve atravessá-lo como parte decisiva do encontro e da redescoberta do mundo e de si.

Isso requer renúncia e coragem. Renúncia como suspensão provisória do que você pensa e sente a respeito do outro ou do que ele está dizendo acreditar, saber ou protestar. Coragem porque nem sempre o que o outro fala é agradável aos ouvidos. De médico e de louco todos nós temos um pouco, de psicanalista e palhaço, cada qual tem sua parte. A escuta chata, normalopática, otimizada, é aquela que deixa nossa loucura de lado, considerando que tudo aquilo que não tem caminho fixo – reto de preferência – e objetivo definido é desperdício, poesia ou brincadeira inútil. O oposto da conversa funcional é o que alguns chamam, no gênero elegíaco "jogar conversa fora", no gênero deliberativo "papo-furado" e no gênero político "bater boca com os outros".

A escuta hospicial não está nem em forçar a normalidade da troca social, nem trucidar o sentido e a consequência de nossas palavras, mas uma espécie de caminho do meio entre as duas coisas.

Em geral o *hospício* não é assunto preferido das pessoas. Preferimos papear sobre coisas positivas e nos dedicar aos planos que guiam a realização de nossas metas e objetivos. Além disso, os hospícios têm uma história péssima, quando se convertem em manicômios, pois sua invenção faz o louco passar da condição de sujeito de uma experiência trágica, em comunhão com deuses e outros mundos – mas ainda assim portador de uma verdade –, para a condição de objeto de uma consciência crítica, sem voz própria e sempre falado pelos outros como juízes, médicos psiquiatras, psicólogos e... ainda sob controvérsia: psicanalistas. Os hospícios nasceram no Ocidente cristão, do reaproveitamento dos leprosários, onde antes essa doença terrível do corpo era excluída do mundo visível. Os leprosários deram origem aos hospícios, ao substituir a lepra como o grande mal que pode acontecer com alguém. O louco foi silenciado. Não havia nada mais a ouvir nem a escutar na loucura. Ela era apenas expressão da desrazão, da insanidade, da perda da realidade ou da consciência de si. Por isso o juiz, o médico, o alienista... e depois os psicólogos e psiquiatras, passaram a "falar por ela". Os doutores da loucura sabiam muito sobre seus objetos. Conheciam as formas de delírios e os tipos de sintomas. Gradualmente eles já sabiam tudo que a loucura tinha a dizer. Sabiam tanto que a loucura não tinha nada mais para dizer, por ela mesma.[18] Por isso, é muito importante detectar o quanto antes, na situação de escuta, onde e por que ocorre um silêncio desse tipo. O silenciamento da loucura é também o abafamento da palavra inconsequente, da palavra livre, da palavra errante, da palavra que brinca ou faz poesia.

Ora, palhaços e psicanalistas partem do pressuposto de que é possível e necessário voltar a escutar a loucura. Que na loucura há um fragmento de verdade que precisa ser dito por ela mesma. Que nunca

---

18. FOUCAULT, Michel. *História da loucura*. São Paulo: Martins Fontes, 2016.

deveríamos colocar "palavras na boca da loucura alheia". E é exatamente por esse gesto que nossa loucura cotidiana começa. Antecipamos palavras. Colocamos o que já sabemos sobre o outro à frente dele. Em geral, fazemos isso baseados na negação de nossa própria loucura. Repetimos discursos e regras de escuta que são uma espécie de recusa ou de surdez metódica, contra a loucura do outro, o que, como já vimos, é uma forma de recusar e não dar guarida ou hospitalidade para a própria loucura, expulsando-a para outro mundo.

Na nossa loucura sempre se insinua, ainda em voz confusa ou abafada, um fragmento de nosso desejo. E por isso uma vida que não enfrenta as próprias loucuras, inocências, contradições ou irracionalidades é uma vida pobre, que adia a questão do desejo. Quanto ao que queremos na vida e ao que somos, deixemos isso para depois. Quanto às perdas, decepções e incertezas, o amargo remédio universal: *trabalha que passa*.

Assim, tendemos a achar que aquele que se revela vulnerável, ou seja, que não esconde muito bem sua loucura, no fundo é um fraco que está pedindo misericórdia ou pena, ou um desajustado que precisa de mais controle, quando não de uma camisa de força. Se ele admite não conseguir resolver um problema sozinho, se não possui os bens simbólicos ou materiais ser necessários para ser "alguém na vida" ou ainda porque se revele desorientado e não saiba aonde pretende chegar, sentenciamos que sofre de algum déficit de independência ou de autonomia.

Estar perdido ou sem lugar, estar sem meios ou empobrecido, ou sozinho e desacompanhado são as três figuras fundamentais da vulnerabilidade, e são objeto dos tratamentos hospitalares mais variados, e também são as expressões de nossa loucura: estar fora de si (fora da casinha), desorientado, falando sozinho.

Elas são a parte escondida de nós e que concorre para que nos tornemos surdos àqueles que insistem em se fazer espelhos de nossa vulnerabilidade, dependência e loucura. Daí a importância de reconhecer e experimentar sua própria vulnerabilidade, para poder reconhecer e acolher a vulnerabilidade do outro.

Mas o que fazer com isso?

Depois de acolher, de cuidar e de nos perder para nos reencontrar, há ainda uma espécie de fecho da escuta. O momento no qual o viajante retoma sua jornada, que volta para o mundo do trabalho, o mundo onde não há parêntese e o encontro é raro ou inexistente. O momento em que deixamos e levamos algo, que nos sentimos mais fortes ou municiados para uma nova aventura, é o momento em que nos tornamos *hospedeiros*. Momento em que passamos a carregar – e, possivelmente, transmitir – as experiências da hospitalidade, do hospital e do hospício. Aqui entra em jogo o que se pode chamar de silêncio elaborativo, aquele que decorre de uma palavra que "cala fundo" e que demora para ser escutada. Suportar o silêncio envolve, nesse caso, suspender a reação, dar tempo para que o que foi dito ressoe e seja reconhecido em toda a sua consequência e extensão. Deixar que, como uma doença que precisa de um tempo de incubação, coisas subterrâneas e invisíveis aconteçam antes de aflorar com uma novidade. Essa é a função do silêncio na etapa hospedeira da escuta. Respeite esse momento antes de publicar essa descoberta incrível no Facebook ou Instagram.

18 | Simpatia não é empatia

O termo *empatia* foi introduzido por Robert Vischer em *Sentimento ótico da forma* (1873) como "projeção do sentimento humano para o mundo da natureza".[19] Edward Titchener traduziu o termo alemão *Einfühlung*, usando a derivação grega de *páthos*, para *empathy*. *Páthos*, em grego, remete tanto à paixão quanto ao sofrimento e, ainda, à capacidade de afetar-se com o outro. Menos do que doença, *páthos* é conflito. O termo alemão continha o radical *ein* (um) e o verbo *fühlen* (sentir), o que nos leva ao sentimento de unidade. Vischer tentou discernir esse sentimento de unidade de experiências conexas como o "sentir com" (*mitfühlen*), o "sentir junto" (*zusammen fühlen*) e o "sentir próximo" (*nachfüllen*). Ele também tentou separar "sentimentos" (*Füllen*) de "sensações" (*Empfindung*).

A polêmica terminológica seria apenas um preciosismo, se não atentássemos para a importância da diferença entre identificação e empatia. A cultura da simpatia se dissemina pela popularização de imagens

---

[19] CURTIS, Robin. *Einfühlung e abstração na imagem em movimento*: reflexões histórica e contemporânea. Tradução: Ivani Santana. Revista Eletrônica MAPA D2 - Mapa e Programa de Artes em Dança (e Performance) Digital, Salvador, v. 3, n. 1, p. 9-38, jun. 2016.

digitais e pela condição, cada vez mais importante, de uma afinidade estética preliminar como condição para a produção de sentimentos de admiração, respeito e interesse: animais de estimação, crianças felizes e sorvetes de morango são simpáticos. Freud leu Lipps, que leu Vischer, e usava o termo *Einfühlung* para designar os encontros mais promissores entre analista e analisante. A empatia, combinando sua versão alemã com a inglesa, é um percurso de reconhecimento, não apenas um afeto pontual. Se a empatia é a atribuição de traços humanos à natureza, podemos dizer que ela é ao mesmo tempo psicológica, política e estética, como é também a ideia de *catharsis*, ou seja, purificação ou "cura" que decorria da encenação das tragédias gregas.

Mas simpatia não é empatia.

Syn é um prefixo grego, que significa "junto com", por exemplo, em "sincronia" (junto no tempo), ou em "sintoma" (o que corta ou cai junto). *Páthos* é um termo grego que remete a quatro linhas de tradução, todas mantendo uma relação muito íntima com a experiência da escuta:

1. *Páthos* indica aquele que sofre a ação, sugerindo, portanto, passividade, como a que encontramos na palavra "paciente" ou no próprio termo passividade. Paciente e paciência nos remetem à atitude humilde de quem recebe, espera, dá hospedagem ao outro.
2. *Páthos* opõe-se à razão, indicando sentimento e afetos, tidos habitualmente como fonte de nossas paixões e de nossas loucuras. Para Platão, havia dois cavalos que a alma conduzia em seu passeio de contemplação das ideias antes de ela encarnar em um corpo específico. Um dos cavalos representava a razão (*logos*) e o outro a paixão (*páthos*). Quando o cavalo da paixão estava muito irritadiço, levava a alma a se ocupar demais com ele e, portanto, perdia tempo de contemplação das ideias, as essências que depois são objeto de nosso conhecimento.
3. *Páthos* aparece também como radical ligado ao adoecimento e ao conceito moderno de doença. Anatomopatologia é a ciência

que estuda os transtornos dos órgãos e tecidos. Uma descoberta patológica é aquela que tem valor diagnóstico para o reconhecimento de sinais patológicos e, portanto, pode nos levar a uma pista prognóstica, sobre como a doença pode evoluir. O patológico se encontrará aqui como o objeto que cuidamos quando vamos para o hospital.

4. Em último lugar, *páthos* significa, também na filosofia, disposição ou capacidade de ser afetado pelo outro. Deixar-se marcar pelo outro envolve abertura para que o encontro com ele faça memória, deixe um traço. Ser afetado é diferente de assumir o ponto de vista do outro. O ponto de vista é um conceito da óptica e da geometria que reduz o sujeito a um ponto, um ponto em vista, um ponto de onde olhamos. A capacidade de afecção (*affectio*) tem a ver com o arco de afetos, emoções e sentimentos reverberados pela escuta no contexto da existência de um corpo. Quando nos tornamos hospedeiros da potência das palavras e do dizer que as acompanha, não é porque retemos o sentido ou os conceitos do que foi dito, mas porque incorporamos, tornamos aquilo parte de nosso corpo.

A simpatia é parte da empatia, sugere "sentir junto", identificação e alinhamento entre iguais. Simpatia acontece quando sentimos que o outro gosta das mesmas coisas que nós, que ele faz as coisas como nós fazemos ou como gostaríamos de fazer. O simpático, portanto, é um "nós" ampliado, o acontecimento de nos reconhecermos, com pequenas deformações, para mais ou para menos no outro. Isso é muito importante, e sem simpatia a escuta pode ser prejudicada. Simpatia e tolerância são importantes para a escuta, mas não suficientes. Há psicanalistas importantes e eficientes que se notabilizaram por sua antipatia, falta de educação, secura ou maus modos. Simpatia não é suficiente para nos transformar porque ela nos mantém no "nós", e a transformação só acontece quando incorporamos uma diferença "Eu + 1" como dizem os ribeirinhos do rio

Xingu.[20] Quando há simpatia sem empatia, estamos no domínio das convenções e da manutenção da circulação sabida e conhecida do sentido e dos lugares constituídos.

Simpatizar ajuda muito a sobreviver a um primeiro dia de trabalho ou de aula no colégio novo. Por isso, quando chegávamos na classe, logo batíamos o olho para encontrar alguém com uma camiseta do KISS, que usasse um tênis parecido, qualquer sinal mínimo de identificação neste mundo cruel. A verdade é que essa busca por sinais simpáticos, no meio do oceano de vergonhas e medos, ocorre o tempo todo sem que a gente perceba. Isso acontece porque antes de acharmos uma pessoa simpática, nosso cérebro vai "olhar" para ela e compará-la com os vários padrões acumulados durante a vida: jeitos de falar, palavras que usa, microexpressões faciais, modos de olhar, de andar etc. Feito isso, o cérebro vai nos emitir a percepção se a pessoa é simpática ou não. Assim, não adianta muito o esforço para ser ou parecer simpático porque no final não é isso que se transmite. Nossas intenções são muito poderosas e potencialmente comunicantes. Quando, por exemplo, uma pessoa quer mostrar que sabe alguma coisa, o que chega ao outro é exatamente isso: a sua intenção de "mostrar que sabe", e não que ela simplesmente sabe. O resultado é que a gente acaba achando-a só metida ou "antipática" e não inteligente. O mesmo acontece com quem "quer ser" simpático. Querer ser obriga a pessoa a uma série de interpretações teatrais que pouco transmitem de simpatia, mas podem facilmente ser chamadas de inconveniência, inadequação ou só chatice mesmo.

Consideramos a simpatia como a primeira e essencial etapa da escuta, que faculta o contato inicial, a criação de intimidade, as conversas animadas em mesas de bar, os almoços de domingo com a família. Mas é preciso ir além dela se quisermos construir relações mais sustentáveis e uma sociedade mais tolerante, inclusiva. É preciso passar da simpatia para a empatia.

---

20. BRUM, Eliane; CLARETO, Lilo (dir). *Eu+1*: uma jornada em saúde mental da Amazônia. 2017. Disponível em: <http://elianebrum.com/desacontecimentos/eu1-uma-jornada-de-saude-mental-na-amazonia/>. Acesso em: 25/04/2019.

A empatia compreende a simpatia, mas vai além dela. O termo remete à noção de sentir com (*Mit-fühlung*), que é antes de tudo uma experiência estética. A empatia poderia ser definida então como o nó ou o circuito que liga ou dá unidade aos nossos modos de escutar o outro:

1. *Hospitalidade*, como acolhimento do viajante estrangeiro ao qual nos dobramos e tentamos falar sua língua. Até aqui a simpatia é bem-vinda e necessária.
2. *Hospital*, pois quando ele começa a falar, caminhamos para um ponto de partilha de nossa vulnerabilidade, de nossas insuficiências e problemas. Nesse ponto, descobrimos que há coisas que o amor não cura e que o acolhimento não resolve. É o momento diagnóstico da escuta.
3. *Hospício*, pois escutar não é resolver os problemas dos outros, oferecendo soluções e caminhos que ele não vê, mas também aceitar o que alguém tem de incurável e de louco em sua demanda. Passamos então para o terceiro estágio, no qual a escuta se reúne com a criação e com a experimentação.
4. *Hospedeiro*, pois depois de acolhido, tratado e reconhecido, a escuta nos transforma, assim como o mundo introduzindo uma diferença produtiva no encontro ocorrido.

A empatia não é um afeto básico, mas um percurso que dá unidade aos vários modos e momentos de escuta. Muitas vezes precisamos de mais hospitalidade do que hospício. Outras vezes dá-se o contrário: falta loucura em nós. A escuta é tão mais empática quanto mais informa o seu interlocutor que todas as opções estão disponíveis.

19 | Como construir para si um órgão de escuta

Josef Leopold Auenbrugger (1722-1809) foi um médico austríaco professor da Universidade de Viena, quase um século antes de Freud tornar-se um de seus alunos. Admirador de óperas, chegou a escrever um libreto para uma das composições de Salieri (imortalizado como o inimigo de Mozart). Sua aptidão musical combinou com sua vocação médica quando ele, em visita aos vinhedos franceses, percebeu que os especialistas no fabrico do vinho desenvolveram um instrumento para inferir a quantidade de açúcar que havia dentro da uva e daí calcular a hora exata para a colheita ou para o transporte de um barril para outro. Essa técnica consistia em tocar suavemente no barril e escutar o tipo de eco que o toque despertava, mais abafado ou mais agudo, mas reverberativo ou mais surdo. Auenbrugger transportou o problema para a dificuldade de inferir condições clínicas de pacientes com dificuldades cardíacas e respiratórias. A partir disso, inventou um método que consistia em bater suavemente no peito dos pacientes ouvindo e interpretando o ruído produzido. Em 1761, ele publica, sem grande repercussão, o livro chamado *Uma nova descoberta que habilita os médicos a detectar doenças escondidas no peito a partir da percussão*,[21] um dos trabalhos mais importantes da história da medicina diagnóstica.

Apesar de simples e eficaz, a técnica da percussão não foi suficiente para que a medicina "escutasse" as implicações do que o médico austríaco havia descoberto. A situação mudou de figura quando um médico francês chamado René-Laennec (1781-1826) enfrentou dificuldades com o caso de uma jovem paciente muito gorda com seios fartos, e apresentava um quadro de insuficiência cardiorrespiratória. As condições eram tais que ele não conseguia aproximar os ouvidos do peito da paciente e a percussão não atingia o resultado esperado, dada a massa corporal dela.

Laennec teria se inspirado na brincadeira de algumas crianças, que viu perto do *Louvre*, para resolver o problema. Ele percebeu que as crianças colocavam o ouvido nas duas extremidades de uma longa peça de madeira e que assim transmitiam sinais de um lado para o outro com um pino que arranhava o tubo. No dia seguinte, Laennec enrolou um pedaço de papel, amarrando-o com uma corda, de forma a ouvir o coração da paciente. Laennec também era carpinteiro e construiu uma peça de cilindro oco de madeira, passando a usá-la para ouvir os sons do peito dos pacientes. Em 1819, dividiu o cilindro em duas partes, introduzindo um pedaço de madeira sólida para "escutar" os sons do coração, e estava inventado o estetoscópio.

A história serve para ajudar a distinguir e conectar duas práticas diferentes: ouvir e escutar. Várias línguas fazem distinção entre a capacidade de *ouvir* (*hearing*, *entendre*), ou seja, a habilidade sensorial de identificar variações nos sons, e a arte de *escutar* (*listening*, *écouter*), ou seja, tramitar e conectar sentidos e conceitos. O sentido mais forte de escuta, que estamos propondo neste livro, envolve considerar que além da relação entre o que se ouve (o eco das batidas do coração) e o que se escuta (o significado patológico ou diagnóstico dessa variação), devemos

---

21. AUENBRUGGER, Josef Leopold. *Inventum novum ex percussione thoracis humani ut signo abstrusos interni pectoris morbos detegendi*. Viena, 1843. Primeira tradução para o francês de Rozière de la Chassagne.

considerar a relação entre quem diz e quem escuta. Por isso, quando estamos na arte da escuta, nos separamos um pouco da pergunta: "O que esta pessoa quer dizer?" pela pergunta: "O que esta pessoa faz comigo quando ela me diz, o que me diz, e como me diz?". Que corpo se produz pela escuta? Há pessoas que escutam com os ouvidos, outras que são capazes de escutar com os olhos, outras ainda fazem do corpo todo um órgão de escuta.

Confirmamos assim a regra do *Fala que eu não te escuto*. A maior parte do que entendemos tem a ver com o contexto, com as antecipações de discurso e do poder que fazemos, com o tom de voz, com a forma como inferimos coisas sobre o outro a partir de sua aparência e circunstância. As propriedades paralinguísticas da fala consomem outra grande parte do nosso pré-entendimento do sentido e das pessoas: o tom de voz, a velocidade da fala, a troca de turno, a entonação e a melodia, quase tudo nos coloca em um clima específico de humor e de afeto que parece decidir a maior parte das partidas. Parece que sobra pouco para as palavras. Mas justamente por isso que o pouco que depende das palavras é tão decisivo assim.

Para desenvolver seu órgão de escuta basta lembrar da invenção do estetoscópio. Primeiro é preciso saber tocar suavemente no outro, tatear hospitaleiramente e com delicadeza as palavras, deixar algum intervalo para ouvir o silêncio que atravessa a troca de palavras e de turnos. Torna-se uma espécie de caverna, lisa e sem muitas rugosidades, um tambor de reverberação, é uma tarefa difícil, pois significa silenciar suas próprias vozes, antecipações e preconceitos quando se está a escutar o outro.

O segundo passo é produzir algumas escalas de comparação. Para saber quando a batida está seca ou surda é preciso ter escutado muitos peitos, abertos e fechados, gordos e magros. Mas é importante levar em conta que toda escuta acontece no interior de uma série, numa escala de base ou repetição que informa o que para aquela pessoa é um grave e o que é um agudo, quando está subindo uma oitiva e quando está usando um sustenido. Aprender a escutar pressupõe ouvir. Para apreciar uma orquestra é preciso separar e conseguir ouvir ao mesmo tempo, e de forma combinada, as madeiras e cordas, a melodia e a harmonia, o ritmo e os acordes. Assim como o médico separa os sintomas e sinais ordenando-os em sequências e séries, fazemos o diagnóstico do que se está escutando, em vez de simplesmente reagir, em bloco, com ou contra o que se gosta ou não. Aquele que não formou uma audição do outro só consegue apreendê-lo em bloco, dizer gostei ou não gostei, amargo ou doce. Aqueles que se dedicam à arte da escuta, lidam com a coisa como os enólogos lidam com o vinho, ele tem uma cor, uma consistência, desce redondo ou quadrado, tem tons de madeira ou frutas. Quanto mais coisas são percebidas no vinho mais interessante é a experiência, a não ser que o sujeito fique tão interessado nisso que esqueça que o vinho é só um instrumento para a gente ficar junto e compartilhar um bom momento.

O terceiro passo da escuta depende de escutar a brincadeira das crianças. Perceber conexões que não são evidentes e não pertencem à mesma série na qual as palavras e os turnos estão sendo trocados. Sair da primeira bola, arriscar a segunda. Nesse caso, precisamos contar com a presença de afetos discordantes e com as contingências reais que temos diante de nós. Lembremos que o caso zero do uso do estetoscópio era uma senhora obesa. O médico tinha vergonha de encostar o rosto nos seios dela. Isso não ia adiantar de qualquer forma, porque não conseguiria ouvir nada naquelas condições. A loucura é o que temos, não adianta imaginar que se o mundo fosse melhor e se as pessoas fossem mais compreensivas e educadas, tudo seria diferente.

O quarto passo envolve passar da empatia, que une o acolhimento e o cuidado, ao que se diz e ao que se escuta, para a criação lúdica. A escuta lúdica não implica manter-se sempre alegre e achar que a vida é linda, que se a gente fica junto e se ama, tudo vai acabar bem. Não vai. Aliás, em geral, para que a gente fique junto desse jeito é preciso altas doses de "desescutamento" e surdez.

Experimente criar seu próprio estetoscópio. Que tipo de brincadeiras você tem para interromper o fluxo da conversa? Que tipo de suspiros e de toques você se dá para chamar a sua própria atenção para o silêncio?

Onde em seu corpo você escuta as palavras que os outros te dizem? Elas ficam circulando como uma cadeia de carbono fechada na sua cabeça quando você vai dormir? Experimente criar um exaustor de palavras para si. Experimente mudar o código das palavras para imagens, das imagens para as melodias. No fundo, as invenções de Auenbrugger e Laennec estão baseadas em um princípio muito simples para enfrentar problemas: mude a linguagem que está usando para enfrentá-los.

Mas lembre-se: a escuta é uma espécie de órgão sem corpo, ou de órgão à procura de um corpo, um órgão que exige sair de si, para retornar a si.

20 | Café com Urso ou sem Urso?

A cada segundo, a gente recebe por meio dos nossos sentidos 11 milhões de bits de informação. Desses 11 milhões, pasme, só capturamos conscientemente 40 bits.[22] Mais importante do que entender tecnicamente o que é um *bit*, é se confrontar com esta realidade: de tudo que você está recebendo neste exato segundo (por meio da sua visão, do seu olfato, da sua audição, do paladar e do tato), você só está armazenando míseros 0,00036%.

Tipo isto:

---

[22]. Eu estava num evento e antes de me apresentar assisti a uma palestra sobre neurociência. Fiquei encantado com o conteúdo e com a palestrante: Inês Cozzo. Colei nela e alguns meses depois consegui fazer um curso. Inês Cozzo é psicóloga e pesquisadora em neurociência. Como ela tem muita curiosidade sobre esse assunto, tomo a liberdade de chamá-la de neurocuriosa.
OLIVARES, Inês Cozzo. *Craque em neurociência*. Disponível em: <http:inescozzo.com>.

Em uma comunicação, em que você precisa passar uma mensagem, como fazer com que o que você está falando consiga passar por uma fresta tão estreita e seja realmente escutado? Não existe uma fórmula mágica para isso. Mas – e sempre tem um "mas", que nos derruba ou que nos salva – uma informação pode ajudar (e muito!): nosso cérebro retém aquilo que nos emociona.

É claro que os profissionais de propaganda sabem disso, e não à toa os comerciais de televisão associam seus produtos às sensações que eles podem nos transmitir: sensações de poder, pertencimento, prazer, amor etc. Sabem que antes de sermos consumidores somos pessoas, e que o melhor jeito de nos conquistar é pelas emoções. Essa é a chave de ouro para quem trabalha com vendas. Os melhores profissionais da área compreendem que o cliente quer uma relação autêntica e sincera, e que a relação humana tem sido cada vez mais valorizada e entendida como um vínculo essencial para conquistar a sua fidelidade.

Você deve estar se perguntando: "Mas o que esses palhaços acham que sabem sobre vendas?". Bem, posso afirmar sem medo: palhaços e vendedores têm muito em comum. Quando digo isso para as equipes de vendas com as quais trabalho, todo mundo acha engraçado, mas não é uma piada. Nós trabalhamos com gente e devemos, antes de tudo, numa abordagem, escutar seus estados físicos e emocionais para vibrarmos na mesma frequência. Nada pior para uma plateia do que um palhaço que chega em dissonância com suas necessidades. "Boooa tarrrrde, genteee" e só tem cinco pessoas exaustas sentadas no auditório. Para um bom palhaço, não existe "plateia" no genérico. Existe *esta* plateia, composta por *estas* pessoas, e que percebo (escuto) estarem *neste* estado específico. Ou seja, o palhaço se relaciona com as *pessoas*, que no momento *estão público*. Dessa forma, quando um palhaço visita um hospital, ele se relaciona com a pessoa que está paciente, com a pessoa que está acompanhante, com a pessoa que está enfermeira, que está médico, que está fazendo limpeza. Da mesma forma, bons vendedores se relacionam com pessoas que estão clientes. E quando isso acontece de maneira genuína, o efeito é tão poderoso que se a pessoa-vendedor migrar para o concorrente, as pessoas-clientes tendem a acompanhá-la. Fidelidade se dá por dois fatores: produto e relacionamento. Sempre que o cliente estiver na dúvida entre um produto ou outro, batata: o que desempata o jogo é quem tiver o melhor relacionamento com o cliente. Vou contar uma história que aconteceu comigo.

Escuta só!

Por cerca de dois anos, dei aulas regulares de escuta para um grupo de jovens no Bom Retiro, bairro tradicional da cidade de São Paulo. Para quem não conhece o Bom Retiro, imagine um formigueiro. As ruas e calçadas estão sempre abarrotadas de gente, pessoas de toda parte do Brasil são atraídas pelos ótimos preços de roupas, tecidos e tudo que se encontra em armarinhos, que, no caso dos do bairro, poderiam ser chamados de "armarinhões".

Pronto. Leitor, Bom Retiro. Bom Retiro, leitor. Estão devidamente apresentados.

Nesse período, raramente eu repetia o lugar onde tomava café antes das aulas. Entrava no boteco mais próximo de onde, a muito custo, conseguia estacionar o carro.

Esse hábito de café aqui, café acolá mudou no dia em que, entrando num boteco na rua Três Rios, ouvi uma frase enigmática:

"Hoje eu fiz um urso!"

"O quê? Como assim?!"

A frase mexeu com todas as sinapses e curiosidades, e estourou tudo ao mesmo tempo: *Fiz um urso?, Como é que alguém pode fazer um urso?, E por que hoje?!, Quer dizer que nos outros dias a pessoa fazia outros bichos?*

Descobrir o sentido daquilo tornou-se prioridade absoluta e instantânea. Por isso, nem cogitei disfarçar. Simplesmente me debrucei sobre a cena. Sentada num banquinho, uma senhora olhava atentamente para sua xícara de café expresso. Do outro lado, a mocinha do balcão se esticava toda para se aproximar da cliente. Fiquei ali por uns instantes escutando o diálogo corporal estabelecido entre elas. Havia abertura e intimidade e até afeto. Continuei ali na escuta da cena toda, até que a menina do balcão disse, apontando para a xícara:

"Tá vendo, aqui ó? O focinho? Olha as orelhinhas..."

O tom de voz dela era de puro orgulho, e a senhora respondia a isso com acenos positivos com a cabeça. Ambas olhavam atentamente para a espuma do café. A senhora comentou que uma bolha era o olho do bicho e a balconista exclamou que era aquilo mesmo! Confesso que não vi nada além de espuma, mas, sem pestanejar, sentei-me e falei: "Quero um urso também!". A mocinha riu. Respondeu que ia tentar.

Não veio urso, mas algo parecido com uma estrela. Achei aquilo tudo muito divertido. O café com surpresa, o papo, a relação humana que havia lá dentro. Não preciso nem dizer que tomar café com urso, estrela ou o que viesse passou a ser a minha rotina de segundas e quintas-feiras, dias em que eu dava aulas no bairro.

Como a matéria-prima do meu trabalho é o relacionamento humano, sou obcecado por observar a relação entre balconistas e vendedores com seus clientes. Rapidamente, percebi que os fregueses eram fiéis. Nas segundas, encontrava o público das segundas. Nas quintas, as pessoas das quintas. Gente que, como eu, devia ir ao Bom Retiro em dias específicos para dar aulas, fazer compras, essas coisas. Era encantador ver como a Mércia, a criadora de ursos e outros desenhos, comandava o café e o papo animado. Ela não escutava só o que as pessoas diziam. Estava atenta ao estado de cada um e ao que era dito pelos seus silêncios e posturas do corpo:

"Oi, dona fulana! Cortou o cabelo, hein? Ficou ótimo! Seu Antônio, tô achando o senhor meio borocoxô... Posso ajudar?"

Durante um bom tempo, minhas manhãs de segunda e quinta foram assim, de conversas com a Mércia e os seus clientes. Trocando papo-furado e fazendo desabafos possíveis na pouca intimidade. Nada muito profundo. Miudezas que fazem a vida da gente tão grande. Soube que a Mércia tinha um filho, que era solteira e tinha sonho de cursar alguma faculdade. O seu Antônio morava no bairro há mais de trinta anos e "não saía de lá por nada". A dona Neusa era professora ali do lado, tinha perdido um filho e rezava para ele toda noite.

Aquele bar tinha se tornado um espaço de escuta. Local de acolhimento e cuidado. Um pequeno milagre no meio do caos. Ao pisar no boteco, deixávamos de ser as formigas da calçada e voltávamos a ser pessoas com sonhos, frustrações, alegrias, saudades e contas a pagar.

Até que, numa segunda-feira, uns sete, oito meses depois, a Mércia me contou que ia sair dali. Não queria mais deixar o filho o dia todo com a mãe, morava muito longe e tinha decidido fazer cursinho. Mostrou, toda orgulhosa, uma apostila. Quarta-feira seria seu último dia de trabalho. A notícia me bateu de um jeito esquisito, mas eu disfarcei e tratei de incentivar. Falei aquelas frases de sempre, tipo "você merece", "a gente tem que correr atrás do que quer". Terminei de tomar meu café, dei dois beijinhos nela e fui embora.

Só bem mais tarde eu fui capaz de perceber o que significava "bateu de um jeito esquisito". As minhas manhãs de segunda e quinta não seriam mais as mesmas. Eu não teria mais aquele espaço, antes de voltar para a loucura da rotina, para escutar aquelas pessoas e também para me sentir escutado por elas. Estava me sentindo órfão das minhas manhãs de humanidade. Mas uma coisa me incomodava ainda mais, eu estava zangado comigo mesmo por não ter conseguido dizer para a Mércia como ela tinha sido importante para todos nós. À noite, desabafando com a Chris, minha mulher, ela se ofereceu para me levar lá na quarta-feira, já que nesse dia ela também daria aula no bairro. Fui dormir mais satisfeito.

Chegou a quarta, fomos ao Bom Retiro e, ao chegar ao boteco, tive uma surpresa: o lugar estava lotado! Lá dentro, espremiam-se os clientes de segunda, os clientes de quinta, e outras pessoas que eu não conhecia. Provavelmente clientes da terça, da quarta, da sexta. Muitos estavam com presentes para Mércia e para o filho, que só conhecíamos por foto.

Todos provavelmente, como eu, sentindo-se também órfãos das suas manhãs de humanidade.

Hoje, nos trabalhos que tenho desenvolvido com equipes de vendas, sempre costumo lembrá-las de que a arte dos palhaços e dos vendedores não é a técnica da fala ou do convencimento, mas está sempre subordinada à arte maior da escuta. Conto a história da Mércia para ilustrar a importância dos quatro "agás" para quem trabalha nessa área. O boteco ali na rua Três Rios, era um lugar de *hospitalidade*, pois nos sentíamos acolhidos; um *hospital*, pois nos oferecia repouso e uma pausa da loucura que, ali do lado, na calçada, nos espreitava; era também um *hospício*, porque naquela pausa podíamos ser quem éramos e estar como estivéssemos encontrando pessoas, as mais diferentes e inesperadamente "loucas". E finalmente, por recebermos tudo isso, todos nos tornávamos *hospedeiros*, carregando e transmitindo a experiência ali vivida. A função hospedeira, no contexto de vendas, equivale a uma versão aditivada do eficientíssimo boca a boca.

Depois de refletirmos sobre esta história, costumo encerrar os encontros com os animadíssimos times de vendas lançando uma pergunta:

"Qual urso você está oferecendo aos seus clientes?"

21 | Encrenca, logo, oportunidade

Para muitas pessoas ainda é surpreendente quando se fala de palhaços que atuam fora de um contexto circense ou teatral. Mas é justamente fora desses espaços que mais atuamos: hospitais, campos de refugiados, favelas, convenções corporativas. Minha formação passa fundamentalmente pela experiência da rua e posso dizer que foi nesse ambiente, caótico por natureza, que não só entendi o que é ser realmente palhaço como também aprendi muito sobre como conviver com a imprevisibilidade da vida. A gente até que se esforça para acreditar que tudo vai acontecer conforme o programado, que "está tudo sob controle". Mas vamos falar a verdade... isso é uma mentira que a gente conta para a gente mesmo, para sermos capazes de suportar o caos que nos cerca. E o caos não se suporta com a insustentável tentativa de controle, mas com abertura, hospitalidade e cuidado. Cuidar nos torna agentes ativos de nosso caminho, enquanto o desejo por controle nos torna reféns de nós mesmos. Caos não se controla. Caos se escuta.

A rua, a grande mestra, faz questão de a todo instante relembrar ao palhaço de que o imprevisto não interrompe a vida. Faz parte dela. Em nossas intervenções estamos abertos para escutar realidades e acolher o incerto, o imprevisível, o acaso. Isso significa que o palhaço não ignora as adversidades que surgem no caminho, mas, ao contrário, aprende a incluí-las. É arriscando e agindo com prontidão diante de tudo de novo que surge em seu caminho que ele amplia seu repertório para lidar com as mais diversas situações. O que dá certo, ele guarda e repete. E com o que dá errado, ele aprende. Peregrinos e andarilhos são também chamados de errantes. Ou seja: errar é criar um novo caminho onde antes não havia. Só vai adiante quem erra.

Errar depende de uma certa disposição a se deixar seduzir pelo detalhe e de seduzir outros para a mudança de rota. Aliás a palavra sedução, vem de *seducere*, ou seja, "tirar do caminho, encantar e atrair". Dessa forma, acertando e errando e jamais se omitindo, ele vai aprendendo a jogar com o cachorro que senta no meio da roda, com a polícia que passa tocando a sirene, com o bêbado que resolve dançar... Ele não se choca contra a realidade, mas aprende a compor com ela, encontrar o ângulo a partir do qual ela pode se tornar encantadora e interessante. Um bom palhaço de rua sabe que se o espetáculo hoje foi ruim, não foi porque o cachorro atravessou no meio, mas sim porque ele não soube lidar com isso. A lógica do encontro está condicionada pela nossa capacidade de acolher o contingente, o imprevisto, o que manca diante de nossas ideias e programações.

Vou contar uma história que ajuda a ilustrar tudo isso. Ela aconteceu comigo muitos anos atrás.

Escuta só:

Durante uns dois anos eu me apresentei nas lojas de uma grande rede de livrarias. Levava comigo um grande saco de pano com vários bolsos do lado de fora. Nesses bolsos tinha todo tipo de adereços: bicho de pelúcia, conduítes, vassourinhas daquelas de crianças, tiaras, fitas crepe etc. Dentro do saco, vários livros. A coisa funcionava assim: eu tirava um livro de dentro e, enquanto lia as histórias, colocava os adereços nas pessoas para que elas se transformassem nos personagens. Uma pessoa virava fada, outra esquilo, aquela uma árvore, essa uma janela.

Foi um tempo de muito aprendizado. Essas *megastores* que ficam dentro de shopping center, não são os lugares mais fáceis para um artista se apresentar. É normal as pessoas estarem com pressa, com suas crianças irritadas de tanto circular de loja em loja, os alto-falantes o tempo todo solicitando que "por favor, vendedor tal compareça ao setor de não-sei-o-quê".

Um belo dia, fui me apresentar numa loja dessa rede de livrarias num shopping do interior de São Paulo. O local que me deram para ficar era junto do balcão da lanchonete. Pensei: *Ok, encosto aqui no balcão e disponho a plateia de frente para mim. Vai ser até legal porque aqui já tem um público por causa dos comes e bebes.*

Montei a roda, o pessoal sentou-se no chão, coloquei as costas no balcão e comecei a recitar o poema "A porta" do Vinicius de Morais: "sou feita de madeira, madeira matéria morta, mas não há coisa no mundo, mais..."

VRUUUMMMMM VRUMMMMMMMM
VRUMMMMMMMM VRUMMMM

O poema foi interrompido por um som medonho e altíssimo. Parecia um dinossauro furioso. Assustado, olhei para trás e lá estava o Dino, encostado na parte da trás do balcão. Enorme. Redondo e reluzente: a máquina de fazer sucos. O espremedor de palavras. Ao lado dela, várias laranjas cortadas ao meio e o moço da lanchonete, focado no serviço. Cometi então um erro básico de principiante: tentei ignorar aquilo. Olhei para a frente, reiniciei o poema, e, claro, o dinossauro voltou a rosnar ferozmente. Aumentei o volume da minha fala, mas parecia que quanto mais eu aumentava, mais alto o bichão também rugia. Insisti nisso uns longos, sofridos e intermináveis dois minutos até perceber que seria impossível continuar daquele jeito. Algumas pessoas já se levantavam para ir embora. Parei de lutar contra a realidade. Era melhor ser *hospitaleiro* com a minha trágica situação. Respirei fundo e olhei para plateia com cara de "meu Deus, o que eu faço agora?!". Nesse exato momento, começaram a rir. Revelar-me *vulnerável* nos conectou. As pessoas gostam de ver o palhaço numa enrascada. A partilha da minha dor também deteve aqueles que começavam a se movimentar para sair dali. A breve pausa, em *silêncio hospitalar*, foi suficiente para eu escutar uma ideia que a Nossa Senhora dos Encrencados soprava em meus ouvidos. Virei então para o moço do balcão e perguntei como funcionava a máquina. Ele foi gente boa e sua explicação confirmou o que eu já suspeitava: bastava apertar a laranja para a máquina rodar e reagir. Bastava tirar a laranja e o barulho parava.

Yes!

Virei para a plateia e comuniquei solenemente: "A partir de agora nós vamos fazer rap!". Virei para o moço do balcão e disse: "Você vai ser o DJ. Eu abaixo a mão, você bota laranja, eu levanto você tira, ok?".

Ele concordou meio atônito.

Quando você escuta os sussurros que a vida dá, ela te presenteia. Olhei para a frente de novo e olha lá! Tinha um menino com um boné! Pedi emprestado e botei no DJ. Risadas gerais. Ensaiamos uns trejeitos de rappers. Mais risadas. Falei que ele era o MC Suquinho. Mais e mais risadas.

Pedi então que a plateia batesse palmas cadenciadas e, regendo o DJ com a mão, comecei a cantar em ritmo de rap, o poema que o dinossauro havia interrompido:

"Sou feita de madeira
VRUMMM VRUMMM
Madeira matéria morta
VRUMMM VRUMMM
Mas não há coisa no mundo
VRUMMM VRUMMM
Mais viva do que uma porta"

Foi um sucesso retumbante! Palmas, risos e mais risos. Uma festa. Como gente feliz atrai mais gente, o lugar lotou completamente. Todos nós, *hospedeiros e* transmissores, ficamos ali um tempão fazendo raps com os poemas, criados à base de suco de laranja.

Nesse dia (re)aprendi que a arte do improviso é também a arte de escuta. Aprendi que aceitar a realidade não é ser submisso a ela, mas o primeiro e essencial passo para conseguir transformá-la. Aprendi que *improvisar é conseguir distinguir os objetivos dos meios para sermos capazes de desapegar dos últimos em favor dos primeiros*. Eu não estava lá para recitar poemas, coisa que demorei longos e sofridos minutos para perceber. Estava lá para entreter e criar algo com aquelas pessoas. Esse era o meu objetivo. Ter sido *hospitaleiro* com a situação adversa foi essencial para conseguir desapegar do meio (recitar poemas) e me conectar com o objetivo de outra forma, incluindo o que antes era um grande problema. Relembrei que ao contrário do que costumam achar, improvisar não é fazer de qualquer jeito, mas sim ter a capacidade de alocar com prontidão todo seu repertório, para manusear e transformar a realidade. Ter assumido o risco de tentar fazer melhor e não aceitar ser engolido pelo dinossauro permitiu domesticá-lo.

Acho que nunca a livraria vendeu tanto suco. Nunca o querido balconista fez seu trabalho de um jeito tão divertido, e nunca mais vou me esquecer do dia em que a livraria se tornou um *hospício* e meus poemas viraram suco.

Missão:

Se você chegou até esta parte do livro e não o está lendo de forma errática e salpicada, já reteve a ideia de que escutar o outro começa por escutar a si mesmo. A escuta do seu liquidificador interno, do seu unicórnio de originalidade interior, de seus sonhos de marmota galopante por sucesso, de tudo aquilo que compõe a sua loucura normalopática. Escutar a si mesmo envolve partir do presente, voltar ao passado e projetar um futuro "solucionático" para isso.

Patologias clínicas como a depressão, em que ficamos presos ao juízo crítico passado, a ansiedade na qual o futuro dá as cartas, com sua impiedosa incerteza, assim como o pânico da angústia circula em presente eterno, estão ligadas à dificuldade de escutar a si mesmo e, consequentemente, o outro.

Medite sobre uma ocasião em que você tenha sido pego por um imprevisto daqueles. Se o fato acontecesse hoje, o que você faria diferente? O que você aprendeu sobre você neste episódio?

22 | Cuidado ou controle?

A jornada da escuta é a jornada do agora rumo ao amanhã passando pelo ontem. Não acontece num futuro idealizado, nem se apoia no que poderíamos ter projetado dela anteriormente. Escutar é uma experiência que se renova a cada encontro. Justamente por isso, quando estamos presos ao capítulo anterior de nossa minissérie interior, não conseguimos escutar muito bem nem ao outro nem a nós mesmos. Para o educador espanhol Jorge Larrosa Bondía, experiência é algo que acontece quando estamos em nós:

> Em espanhol, para nos referirmos à experiência, dizemos: *lo que nos pasa*. Ou seja, somos atravessados pela experiência. Em francês, o sujeito da experiência é um ponto de chegada: *ce qui nous arrive*. É preciso então sermos anfitriões, estarmos abertos a hospedá-la. E, em português, em italiano e em inglês, onde a experiência soa como "aquilo que nos acontece, nos sucede", ou *happen to us*, o sujeito da experiência é sobretudo um espaço onde têm lugar os acontecimentos. É, portanto, incapaz de experiência aquele a quem nada passa, a quem nada acontece, a quem nada

sucede, a quem nada toca, nada lhe chega, nada o afeta, a quem nada ameaça, a quem nada ocorre.[23]

Fazer da escuta uma "experiência" é deixar que as palavras e os corpos nos cheguem, nos afetem, nos atravessem. Requer estarmos vulneráveis e disponíveis para a aventura. Voltando à palavra "experiência", aprendemos que carrega em si as lições para viagem, do latim *experiri*: "experimentar, provar". *Periri:* vem de *periculum* "perigo". E raiz *per*, que se relaciona com a ideia de "travessia".[24] O mesmo radical aparece em "pirata" (*peirates*), como signo daquele que não tem um lugar fixo no mundo, mas é um viajante depossuído, que vai pegando o sapato dos outros, deixados ou tomados por aí.[25]

A viagem da escuta é, portanto, a experiência do risco, do perigo e da travessia: não temos como antecipar os rumos da viagem que se abre quando o outro começa a se abrir. Poderíamos chamar de "descontrole" a nau que nos transporta nessa jornada rumo ao desconhecido, e de "cuidado" a força que nos encoraja a embarcar e a suportar as incertezas da viagem.

Velejadores que partem para grandes viagens estudam minuciosamente suas rotas, preveem alimentação adequada para os longos dias no mar, preparam-se física e mentalmente e, sobretudo, cuidam uns dos outros, atentando sempre para que cada um cuide si. Todas essas precauções constantes e em série municiam o viajante com a quantidade de ordem suficiente para ele poder não só suportar como também desfrutar do caos que se avizinha. Podemos dizer que uma verdadeira aventura deve acontecer de forma caórdica (caos + ordem). Enquanto o cuidado atua no fluxo, a abertura para a desordem nos conecta com

---

23. BONDÍA, Jorge Larrosa. "Notas sobre a experiência". *Revista Brasileira de Educação*, n. 19, 2002.
24. Idem.
25. REIS, Maria Letícia. *Da experiência de perda à perda de experiência:* um estudo sobre a Ehrfahrung na teoria psicanalítica, na filosofia e na clínica. Tese de Doutorado, Instituto de Psicologia da USP, 2015.

o aqui e o agora. Em uma conversa, assim como numa viagem, a quantidade de controle é inversamente proporcional à qualidade do encontro. Em última instância, onde há excesso de controle já não há encontro, nem cuidado nem escuta.

Vamos olhar um pouco mais de perto para esses dois primos, tão distantes quanto diferentes, cuidado e controle:

1. **O cuidado olha para o todo como uma situação aberta que comporta um espaço de indeterminação produtiva.** Se tudo der errado, mesmo assim a experiência terá valido a pena, pois o processo foi vivido de maneira interessante e intensa. O controle olha para você mesmo como uma situação fechada, em que imprevisibilidade e risco podem ser mitigados por um esquema de determinação. Se tudo der errado, o processo todo terá sido uma perda de tempo e de dinheiro. Às vezes, isso acontece também quando tudo dá certo.
2. **O cuidado é feito com uma espécie de silêncio de fundo.** Ele envolve a consideração de que existe um espaço vazio deixado para que aquele que é cuidado o ocupe e faça bom uso dele, se for o caso. Deixar esse espaço vazio, esse tempo que cabe ao outro, é uma condição essencial da escuta. Alguns podem descrever isso como uma atitude de espera em reserva, ou seja, de disponibilidade para que o outro finalmente cuide de si e liberte--se de nós, prescindindo inclusive de nossos cuidados. Cuidar de si começa com a capacidade de escutar-se. Aquele que quer cuidar do outro "apesar do outro", porque imagina que sabe o que é melhor para o outro, porque tem valores e convicções que acha que tornarão o outro melhor, está cuidando do outro sem ajudá-lo a cuidar de si, gerando dependência. Na verdade, deveria se chamar controle ou governo de si sobre o outro. Muitos falsos cuidadores estão, antes de tudo, tentando governar no outro o que não conseguem dominar em si mesmos.

3. **O controle vem sempre com um excesso de palavras.** Tipicamente ele aparece como aquela voz que fica narrando o jogo da vida enquanto ela acontece: "errou", "acertou", "faça melhor na próxima", "desvie disso", "faça aquilo", "como pude errar esta bola". Dessa maneira, a vida cria uma espécie de duplicata, um eco da experiência como demanda de controle. Existem as experiências, os encontros, os sucessos e os fracassos, que já são por si só bastante difíceis de enfrentar, mas além disso há essa controladora voz da consciência, esse juiz ininterrupto de nós mesmos que não cansa de auto-observar, julgando punitivamente as inadequações. Contudo, o controle não é uma atitude ruim em si. Adoramos controlar coisas e queremos ser controlados em muitas situações. A luta pelo "controle remoto" será sempre uma disputa por quem escolhe a música ou o filme e faz valer sua proposta. Mas a atitude de controle torna-se uma experiência indesejável quando o outro é colocado no lugar de instrumento, sem o seu óbvio consentimento e satisfação. Quando lidamos com o outro, como se este fosse uma extensão de nós mesmos, o outro começa a ser tratado como coisa ou como objeto, o que cedo ou tarde embrutecerá aquele que assim se relaciona com os outros. É nesse sentido específico que o controle é um modo de relação muito simples e pouco criativo, pois, a rigor, para controlar ou ser controlado pelos outros não precisamos escutar, basta ouvir, codificar e decodificar ordens e mensagens.

23 | Nada como um dobermann para que eu faça tudo melhor

O desconhecido aguça nossas percepções e nos retira do ponto futuro – o que queremos que aconteça – e do ponto passado – o que projetamos que acontecesse – para vivermos o que está acontecendo neste exato instante. Isso é neurologicamente comprovado. Somos dotados de um sistema de defesa chamado de Sistema de Autoproteção e de Preservação da Espécie (SAPE).[26] Esse sistema é comandado pela região mais remota do cérebro, uma área chamada de cérebro reptiliano ou Complexo R, que, como o nome sugere, é uma estrutura que nos acompanha desde a época remota de nossa espécie, em que rastejávamos como anfíbios tentando sobreviver no planeta hostil. Quando acionada, essa estrutura tem prioridade máxima sobre todas as outras, seja a emocional (sistema límbico) ou racional (o córtex). Diante do novo, do inesperado, em situações limite, o SAPE nos

---
26. Olha a Inês Cozzo aí de novo:
OLIVARES, Inês Cozzo. *Neuroaprendizagem e inteligência emocional*. São Paulo: Qualitymark, 2008.

prepara para fugir ou atacar (reação de Cannon). É o bicho da gente querendo sobreviver. Daí o frio que sentimos na barriga, por exemplo, quando levamos um susto. É o sistema SAPE mandando nosso sangue para as extremidades para agirmos com força e prontidão. A pupila se dilata, a audição se aguça, os músculos se contraem em preparação para a ação. Diante da sensação de perigo e descontrole, o cérebro aloca todos os recursos necessários para que a gente saia da possível enrascada.

Vire uma esquina e depare com um dobermann faminto para ver o que acontece. Instantaneamente você vai medir a distância, mapear as rotas de fuga, escolher uma delas e vai correr como nunca, observando qual é o melhor muro para escalar, e de imediato vai subir nele. Só quando você estiver lá em cima, olhando o dobermann frustrado lá embaixo, vai se dar conta do que fez. E quando for contar a história, vai dizer: "Quando vi, já estava lá em cima". No entanto, nesse trecho todo de fuga em que parece não ter visto nada, você não só estava vendo como estava na máxima potência dos seus sentidos. Vendo, escutando, percebendo e recebendo o mundo de forma muito mais atenta e sutil. O novo, o inesperado, ou a iminência dele, o desconhecido, o descontrole, enfim, turbinam nossas percepções e nos conectam com o aqui e o agora.

Estamos dizendo que o dobermann quando representado por novos desafios, por acontecimentos que teimam em nos tirar de rotas predeterminadas, pode ser um ótimo cão de guarda para nossa criatividade, presença e prontidão. Mas os efeitos podem não ser os mesmos se ele estiver na coleira de modelos gerenciais baseados na administração do medo. Práticas de microgestão e de avaliação permanente são, em médio prazo, de alto risco para a saúde mental dos envolvidos por motivos análogos. Outro exemplo, demitir compulsoriamente uma quantidade de funcionários no final do ano, seja o balanço financeiro positivo ou negativo, é uma forma de manter todos "de olho no dobermann". Vejamos como quatro princípios bem-aceitos de gestão de vendas[27] são exatamente o oposto do processo de escuta que estamos estudando aqui.

Há outros estilos de gestão que se especializam em dar voz ao seu dobermann interior, aquele que vive latindo em forma de culpa, sem deixar você escutar os outros. Ele pode latir tão alto que encobre as outras vozes que te acompanham, até mesmo o grilo falante.

O terceiro estilo gerencial consiste em usar o seu *big brother* interior para criar um clima de avaliação permanente. Isso pode piorar se decidirmos que os diferentes departamentos da empresa devem competir entre si para ver quem dá mais lucro e onde está a turma que está fazendo "peso morto" para todos. É o dobermann contra o pit bull contra o pastor-alemão em guerra para ver quem é o dono do canil.

1. Equipes de alta performance têm processos de vendas bem estruturados.
2. Equipes de alta performance monitoram as metas o tempo todo.
3. Equipes de alta performance têm metas de crescimento definidas.
4. Líderes de equipes de alta performance demitem rapidamente.

Não se pode ganhar dos dois lados sempre. Suprimir a escuta aumenta a funcionalidade em curto prazo, mas seus efeitos em médio prazo são devastadores em termos de fidelização, estabilidade e saúde mental.

Uma característica desses estilos gerenciais neoliberais é que eles não estão abertos à escuta, melhor dizendo, eles estão abertos a uma espécie de "pseudoescuta inconsequente". Muito amor e muita afinidade concorrem para produzir um clima geral de fraternidade, mas que não tem relação direta com a política de avaliação e com a distribuição de bônus.

Quando a escuta se apresenta em uma situação estruturada, ou seja, quando há interesses bem definidos e objetivos mais ou menos claros,

---

27. NORONHA, José Ricardo. *Os 4 segredos das equipes de vendas de alta performance*. Disponível em :<http://www.administradores.com.br/noticias/carreira/os-4-segredos-das-equipes-de-vendas-de-alta-performance/103967/>. Acesso em: 02/05/19.

como, por exemplo, quando temos patrões e empregados, alunos e professores, amantes e amados, é muito importante distinguir poder e autoridade. O líder que escuta é um líder que prefere substituir o seu poder pela autoridade. Isso tem um custo, comporta um risco e torna mais lento o processo. Você segura os dobermanns, porém não é porque quer ter imagem de "bonzinho" e "caridoso", mas porque está interessado em transferir o poder que está individualizado em você para o processo ou para o funcionamento do grupo.

O problema de administrar os outros na base do medo e da intimidação, e não da intimidade e do compartilhamento de decisões é que, ao longo do tempo, você estimulará a infidelidade e o cansaço. Desde Maquiavel,[28] a ciência política discute se o melhor líder é o que governa pelo medo ou pela confiança. O medo é mais eficaz quando estamos em grandes populações em que as pessoas não se conhecem e podem ser tratadas de forma anônima. Agora, se a situação na qual você está envolve um grupo que visa permanecer junto e convivendo por um tempo relativamente estável, evite o medo. Ele terminará por gestar a insurreição e o golpe, ou então a resistência passiva e a oposição invisível.

A estratégia de escuta, em vez da tática de soltar os cachorros, depende, portanto, da disponibilidade de tempo e a suspensão da tecla SAPE. Apostar na solidariedade e não no medo como afeto fundamental das relações, lentamente pode substituir a culpa pela responsabilidade e esta pela implicação, que é o fato decisivo de um time vencedor. O medo ganha no potencial engajamento imediato dos indivíduos no laço entre eles, em empresas, mas perde quando se trata de obter mais com menos em menos tempo em empresas que pensam com alto *turnover*, no seu próprio futuro.

Escuta só... se tiver tempo, senão vai continuar latindo por aí, como um dobermann.

---

28. MAQUIAVEL, Nicolau. *O príncipe*. São Paulo: Penguin, 2010.

24 | A arte cavalheiresca de escutar uma reunião

Nos anos 1990, apareceu um livro muito popular sobre liderança e relação com os objetivos chamado *A arte cavalheiresca do arqueiro zen*.[29] Tratava-se de pensar a realização de objetivos não pela união simples da flecha ao alvo, mas pela incorporação do arco ao arqueiro e pelo posicionamento diante do que se faz. Escutar uma reunião é uma arte correlata. Exige domínio da técnica zen para não se deixar envolver em dinâmicas típicas de desorientação, competição e errância. Exige polidez e compostura para enfrentar provocações e descaminhos do ego. Mas só os supremos mestres de nove caudas conseguem integrar silêncio máximo, o gestual mínimo e a brevidade do golpe certeiro à altura do grande mestre Kyudo.

É por isso que, de todas as situações de escuta, uma das mais temidas por profissionais clínicos e corporativos chama-se *reunião*. Só há algo potencialmente pior do que uma reunião, que é quando ela se acasala com uma *comissão* gerando frutos tentaculares de perda

---

29. HERRIGEL, Eugen. *A arte cavalheiresca do arqueiro zen*. São Paulo: Pensamento, 1997.

de tempo, competições medievais, nas quais uma questão irrelevante facilmente se transforma num daqueles jogos de tabuleiro, tipo WAR, em que nos esquecemos de que é só um jogo e passamos a viver a coisa como se realmente estivéssemos decidindo o futuro do mundo.

Use seu estetoscópio de escuta para detectar o primeiro sintoma de que uma reunião está adquirindo vida própria e se desgovernando: quando as pessoas perdem a orientação do que têm que *fazer*, e a substituem na conversa por quem elas *são*, o que muitas vezes evolui para o estágio terminal de como elas *não devem ser*. Uma reunião é capaz de fazer aquela pessoa que, em estado de indivíduo, opera como o mais distinto cavalheiro administrativo, transformar-se em um *goblin* sanguinário devorador de pessoas e almas.

A ética começa pela etiqueta, assim como a escuta começa pela polidez. Isso não é apenas um retorno aos valores do cavalheirismo, mas uma atitude que reflete cuidado com as palavras, retendo cada uma delas como se fosse um gesto. A ética das reuniões corporativas frequentemente se desdobra em um conjunto de mesuras e ritualismos que prejudica a escuta de algo diferente do que já não estão ouvindo.

Em um mundo de consultores, opinadores, conselheiros e demais analistas simbólicos, cada vez mais pessoas são pagas para "falar alguma coisa". Isso pressiona a emissão de opiniões cuja única serventia e objetivo é justificar a existência do dito cujo na referida infeliz reunião. Começam efeitos que aprendemos nas redes sociais: se três pessoas antes de você foram na mesma linha, por que apresentar-se como mais uma irrelevante "maria-vai-com-as-outras" em vez de criar uma opinião charmosa, disruptiva ou elegante, ainda que inútil ou digressiva, mas que exiba como você é diferente? Mais uma vez verificamos a pouca valorização do silêncio necessário para a escuta. O silêncio é vilão, pois ele pode ser lido como desimplicação, o que às vezes também acontece. Mais uma vez temos os efeitos das palavras vazias que aqui efetivamente prejudicam a orientação do grupo para a tarefa.

Um líder escutador é capaz de valorizar a palavra transformativa, mas também de desvalorizar as palavras poluentes e tóxicas que facilmente são exaladas na situação de compressão territorial, como as de uma reunião típica e padrão. Fazem parte do esvaziamento ritualístico dessa situação a atenção exagerada a detalhes irrelevantes, às vezes inerentes aos programas geradores de imagens ou de textos, a indumentária e tudo o mais que deveria permanecer como paisagem, mas que frequentemente, diante do conflito, são usados como tática de inversão e digressão para fugirmos da escuta ou do conflito.

As falas dentro de uma reunião corporativa costumam se organizar segundo uma determinada lógica: alguém faz a apresentação inicial, os especialistas nisso ou naquilo intervêm, até que os mais experientes ou com mais autoridade sentenciam ou decidem. Esse fluxo organiza os lugares de escuta e os tempos de fala. Em geral, essa organização se baseia no assunto e no tratamento segundo uma dada lógica de decisão. Outras vezes a decisão começa a ser atrapalhada porque, em vez de colocarmos o problema a ser resolvido no centro, começa a emergir a primazia da imagem das pessoas na fotografia final. De quem é a ideia vencedora? Quem falou mais? Qual departamento leva vantagem e qual perde com isso?

Em um processo seletivo coletivo, se alguém começa se apresentando pelo nome e pela função, os seguintes tenderão a repetir a fórmula. Em uma dinâmica de grupo, se dois dizem a mesma coisa, é possível que um terceiro diga outra. Nesse caso, o foco na imagem das pessoas nos desvia da tarefa e do fazer junto. Outras vezes o foco no resultado e no fazer destrói o laço entre as pessoas. De fato, a orientação para a tarefa e o fazer junto resolvem muitos problemas de relação, por isso se fala tanto em "times" e/ou em "conjuntos" (como os de música), pois é um jeito de orientar o grupo para a finalidade e para ação, e não para a caracterização dos personagens e suas hierarquias.

Mas, então, o que seria melhor foco: nas pessoas ou na tarefa?

Nossa resposta: o melhor é a dança dos lugares, ou seja, as duas coisas conforme a necessidade de mudança e de asseguramento. O melhor é dançar conforme a música.

Melhor ainda se podemos escolher a música que vai tocar.

25 | Funções da linguagem e lugares de escuta

Conjuntos de rock são usualmente compostos por baixo e bateria, guitarra e vocal. Diz-se que o baixo e a bateria são a cozinha do conjunto, eles marcam o ritmo e dão o tom do fundo, ao passo que o vocal é onde fica, em geral, o foco do que vai acontecer. As guitarras podem estar tanto dialogando com o baixo e a bateria quanto podem assumir a condição de protagonistas, quando fazem um solo e falam por si mesmas.

Imagine que construir uma situação de escuta é como montar sua banda. Uma banda pode tocar muitas músicas, mas, em geral, vai formando um repertório. Isso acontece com a prática de conjunto e a experiência, muitos ensaios e outros tantos shows. Saber tocar um instrumento é uma arte. Saber tocar o instrumento com outros é outra arte. Cada banda pode ter seus locais preferidos de apresentação: reuniões corporativas, encontros amorosos, salas de aula e assim por diante. Assim como na experiência da música ou quando for andar de bicicleta, se você parar para pensar, é possível que dê tudo errado. Mas, por outro lado, há formas de pensar que se incorporam de tal maneira que você sabe onde está o baixo e a bateria assim como pode adivinhar onde vão entrar as guitarras, e se vamos ter um solo ou um dueto. A cada vez você terá que escolher onde se posicionar, mesmo que seja apenas para fazer um *backing vocal* animando a escuta.

Considere agora que, assim como numa banda de rock, a situação de escuta envolve quatro funções de linguagem:

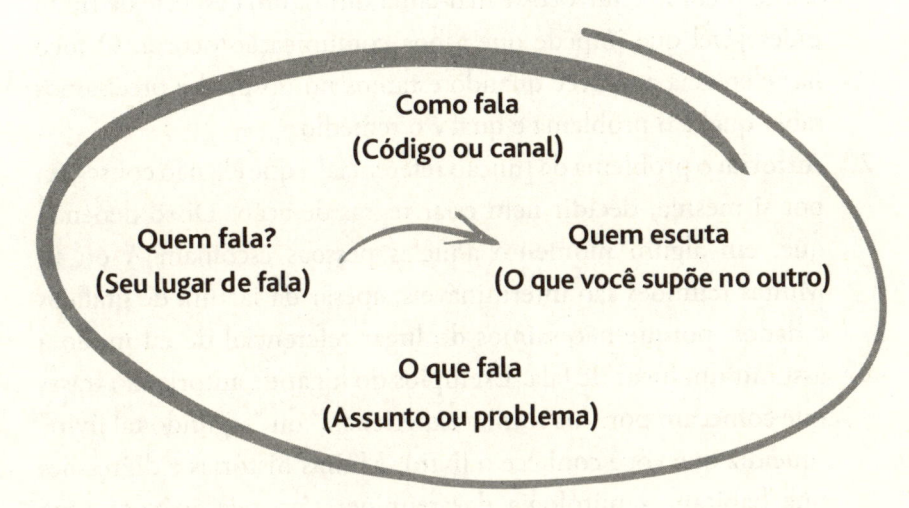

Como fala
(Código ou canal)

Quem fala?
(Seu lugar de fala)

Quem escuta
(O que você supõe no outro)

O que fala
(Assunto ou problema)

Ou seja, tudo é música, tudo envolve melodia, harmonia e ritmo, mas há funções diferentes operando na linguagem que correspondem ao que queremos fazer com ela. Descrever coisas ou dar ordens? Expressar sentimentos ou controlar o outro? Cada uma das funções da linguagem nos ajuda a pensar instrumentos diferentes de escuta.

Veja só quantas funções a linguagem pode ter:

1. **Referencial:** por exemplo, quando eu digo "tem pão na geladeira". Aqui o foco é no assunto ou no problema, e a linguagem é entendida como um meio de transmitir informação. Quando enfatizamos este lugar, queremos criar melhores descrições sobre o mundo ou sobre o estado das coisas. A procura do rigor no que se diz e a precisão nos detalhes é uma característica do lugar. Clareza de expressão, objetividade no encadeamento de ideias e a precisão nos números são virtudes do lugar referencial. Por

exemplo, um bom *briefing* para um trabalho é aquele que é eficaz na definição referencial do que se quer. Dados são excelentes auxiliares da função referencial. A escrita de manuais e códigos de procedimentos são eminentemente referenciais. Mas, para aquele que só consegue dançar a música referencial, as outras músicas são sentidas como equívocos e mal-entendidos, uma espécie de ruído indesejável que impede que a boa comunicação ocorra. O foco na referência acontece quando estamos no hospital e precisamos saber qual é o problema e qual é o remédio.

2. **Autoria:** o problema da função referencial é que ela não consegue, por si mesma, decidir nem criar regras de ação. Disso depende que, em algum momento aquelas pessoas escolham A ou B. Muitas reuniões são intermináveis, apesar da fartura de gráficos e dados, porque não saímos do lugar referencial de tal modo a assumir um lugar de fala. Exemplos do lugar de autoria são frases que começam por: "na minha experiência" ou "segundo tal livro" (que diz que você conhece o livro). Muitas histórias e digressões que habitam a mitologia das reuniões têm relação com uma maneira, eventualmente prolixa, de autorizar-se ou desautorizar os outros em uma determinada matéria. Quem diz lugar de fala diz autoria e autoria remete a autoridade. A autoridade é a prerrogativa ou o risco que alguém assume quando escolhe e, portanto, está disposto a pagar a conta se aquela não for a melhor escolha. Há decisões compulsórias, pois são inerentes ao cargo, função ou justificativa para dizer o que diz. Muitas vezes os casos vividos, as digressões e as mudanças de assuntos que desgovernam as reuniões são tentativas erráticas de organizar ou estabelecer, de criar ou de barrar posições de autoridade. Quem escreve roteiros para televisão ou cinema costuma dizer que o problema básico consiste em alternar o foco no personagem (autoria) ou o foco na ação (decisão). Um bom filme, bem como uma boa reunião, ocorre quando conseguimos alternar uma função com a outra: escutar os dados, fazer a geografia do problema, estudar o terreno,

mas, em seguida, caminhar na direção da decisão e da ação, por mais arriscada ou difícil que ela seja.

3. **Recepção:** a dança das decisões, com seus sintomas característicos de adiamento e falas circulares, tende a acontecer porque, apesar de os lugares de poder e de autoridade estarem bem definidos e de as referências se apresentarem de forma clara e distinta, deixamos de lado os participantes do processo. Ninguém gosta de viver apenas como plateia, e os processos nos quais as coisas acontecem, como se nossa participação fosse dispensável, são, em geral, sentidos como chatos ou desinteressantes. Para isso não basta perguntar "como foi para você?" no final de tudo, nem proclamar "estão todos de acordo?". Por outro lado, para qualquer interessado em vendas, o foco da linguagem deve estar dirigido à recepção. O foco no outro é uma versão da hospitalidade. Aquele que sabe recepcionar sabe transportar e inverter sua autoria para o outro. Interessar-se pelo destinatário da mensagem envolve ler o problema e a solução do ponto de vista do outro, na linguagem dele e no tempo dele. Quando tentamos persuadir ou convencer alguém de algo, estamos nos orientando para o lugar da recepção. Em uma aula ou apresentação, abrir para perguntas, requerer a participação dos destinatários ou as palmas ao fim de uma peça de teatro são exemplos de como assumir o protagonismo da dança dos lugares de fala. Mas, em uma época dominada pelos resultados, o foco no processo, e, portanto, nos outros que nos ajudaram a chegar, tende a ser desprezado. Isso cria muitos efeitos de resistência e improdutividade. Por exemplo, uma decisão que não envolve e inclui os participantes pode estar ligada à falta de implementação futura do que foi decidido. Isso ocorre porque os envolvidos na reunião não se reconhecem como verdadeiros participantes, ativos e contributivos, logo implicando nas consequências e deliberações. A inversão entre quem fala e quem escuta é uma regra importante para diminuir o efeito de isolamento e a

sensação de monólogo inútil, mas, cuidado, a inversão perfeita também não é muito desejável. Ou seja, quando batemos de frente implorando para o outro colocar-se no nosso lugar, e assim reciprocamente, em geral estamos nos esquecendo de que há outras cabeças do Dragão da Reunião – que solta fogo pelas ventas – que ainda não foram cortadas.

4. **Mensagem:** como dizia Marshall MacLuhan, o "meio é a mensagem", ou seja, o que se diz está na própria forma e no canal do dizer. A ênfase no lugar da mensagem frequentemente se traduz pela forma de dizer. A forma de dizer está em uma relação de potencial inversão com a referência do dizer, assim como o emissor pode substituir o destinatário ou a recepção. Muitas desavenças acontecem porque as pessoas concordam com o que está sendo dito, mas discordam do discurso. Um caso dramático é a situação de demissão. Mesmo sabendo que sempre encontraremos motivos para um desligamento, é muito comum que nos aferremos ao "modo como isso foi feito" ou ao "modo como isso foi dito" para depositar nossa raiva e nosso inconformismo. Portanto, como entre emissor e receptor, a inversão não pode ser perfeita e completa porque, nesse caso, vira uma evitação do conteúdo ou uma negação da forma. O que vemos aqui é o lugar do hospital como sinônimo de cuidado com a forma como dizemos as coisas. Cuidado implica, por exemplo, tatear a recepção, oscilar o código ou a velocidade do que se diz. Um fortíssimo modulador da mensagem é o afeto que domina a situação: "eu te amo" dito com raiva é diferente de dito com medo ou pena. Qual deles você consegue escutar melhor? Um erro típico de quem desconhece o cuidado com a mensagem é aquela pessoa que quando o outro diz que não entendeu o que foi dito, ela repete com as mesmas palavras, às vezes com a caridosa preocupação de falar mais lentamente ou mais alto.

Essas quatro funções estão em uma relação de inversão mútua:

- Inversão hospitaleira entre *aquele que fala* e *aquele que escuta*, também conhecida como passagem de turno: *falo eu, fala você* ou a bola está comigo ou com o outro.
- Inversão hospitalar entre *conteúdo referencial* e a *forma da mensagem*, também conhecida como regra do "meio é a mensagem", ou seja, quando a forma como algo é dito é congruente com a substância do que é dito.

Voltando ao nosso conjunto de rock. A partir de uma linha de base, da bateria e do baixo, que precisa ser observada com precisão, você pode criar um desequilíbrio: "espera aí" um "não" pode ser interpolado. Um "mas" estratégico pode ser infiltrado. Esse desequilíbrio pode aparecer como tensão ou intriga, como surpresa ou desconcerto que será, em seguida, resolvido de alguma maneira, como uma espécie de retorno dos efeitos sobre o agente. Na música, no cinema e na literatura o ponto de inversão é conhecido como "virada".

Fazer uma virada é responder um pouco aquém ou um pouco além de onde nosso interlocutor nos coloca. Para isso, é essencial aproveitar os desequilíbrios que a situação traz por si mesma. Uma virada pode envolver a passagem de um discurso cooperativo para um discurso polêmico ou antagonista, e sempre envolve uma violação de expectativas. Por exemplo, na arte do palhaço há três momentos: a criação da situação, o aumento da tensão e a solução. A partir disso, pode-se evoluir em uma solução para um novo problema e daí para uma nova solução.

Assim como vivemos em casa ou apartamentos, com uma arquitetura típica, vivemos em ambientes discursivos, nos quais os lugares de escuta e de fala se distribuem. Como já vimos, a escuta pede alguma suspensão do tipo de interação que temos no dia a dia. Essa suspensão pode estar marcada pela emergência de um encontro inesperado, pelo riso ou pela suspensão do ordenamento de poder ou de autoridade, arte na qual os palhaços são mestres. A escuta começa pela atenção a certa linha de base, ou de paisagem sonora, de humor dominante que organiza a situação.

Mas uma boa música não é composta apenas por linha de base e viradas. O que a torna especial é o que alguns poderiam chamar de "improvisação", ou seja, a inclusão inesperada de algo que deveria permanecer fora ou a exclusão do que deveria permanecer dentro da situação. Escutar é produzir surpresas calculadas como o sentido das palavras.

Cada pessoa, e cada momento de vida dela, requer um lugar de escuta. A graça da viagem da escuta é que, mesmo que ela comece em um lugar, se der certo, seremos levados para outro. Aquele que não sabe mudar de lugar não sabe dançar, por isso vai querer sempre tocar a mesma música, ser o dono da banda, do contrário, ficará isolado no seu canto enquanto os outros se divertem.

A linha de base, as viradas e improvisações nos levam a reconhecer a existência de duas outras funções de linguagem.

Com isso, o Dragão da Reunião pode ser anestesiado, mas não vencido. É aqui que entram duas outras funções, ou dois outros lugares nos quais palhaços e psicanalistas parecem se especializar:

5. **Função fática:** quando alguém entra no elevador e resmunga: "Que dia!", provavelmente não está realmente querendo discutir as condições meteorológicas ou o andamento do tráfego naquela precisa ocasião. Quando alguém pergunta: "Como vai?", não está esperando um relato detalhado da sua vida sexual ou da precariedade da sua situação existencial. A não ser que do outro lado esteja um psicanalista. Para ele não existem palavras a esmo, coisas que a gente "diz por dizer" ou apenas para (o pior caso) passar o tempo. Psicanalistas são fanáticos pela linguagem e diante de um "Bom dia!" são capazes de responder com um "Fale me mais sobre isso" ou com uma contrapergunta: "Parece um bom dia para você?". Isso acontece porque eles não fazem nada sem

sentir a temperatura do paciente, ou seja, sem precisar o clima de humor ou de afeto, o lugar de fala e a posição de escuta na qual seu analisante se encontra. Freud descobriu um importante fenômeno que acontece quando falamos livremente. Conforme falamos, começamos a reencenar a peça do que estamos dizendo, tomando nosso interlocutor como um personagem imaginário de nossa própria história. Mais ou menos como se alguém começasse a ler o roteiro de sua vida para outro, mas como o conteúdo e a forma são tão próximos do personagem do roteiro ao ator que lê o roteiro que ele começa a encenar a peça. E isso não estava no roteiro. Isso acontece sempre e não é uma propriedade específica da relação terapêutica. Por exemplo, uma pessoa começa a contar que brigou com alguém no trabalho e, à medida que vai entrando em detalhes e se aprofundando na história, começa a brigar com você. Como se estivesse falando com o tal colega de trabalho, esquecendo que você é você, o amigo que está ali só para... escutar. A escuta do lugar fático acentua a relação entre os participantes da situação. Ela serve para ajustar o humor coletivo, a sincronização de ânimos dos interlocutores ou a sintonia entre as pessoas, antes ou, independentemente do que vamos fazer e de quem somos, sabemos que "estamos juntos". O psicanalista Theodor Reik[30] especializou-se em intuir como a forma como o paciente apertava a mão de seu analista, a maneira mais ou menos típica como ele abria a porta, como fazia um silêncio inicial, tirava o casaco ou começava a falar trazia importantes prenúncios do que viria a ser tratado na sessão. Isso que ele chamou de "atmosfera" é o campo da linguagem fática, que trata do reconhecimento de base entre duas pessoas: eu estou aqui, você está aí.

A última função da linguagem está reservada para especialistas ou grandes mestres na arte da escuta. Eles podem ser encontrados nos departamento de vendas, nas feiras públicas, no mercado

---

30. REIK, Theodor. *Escutando com o terceiro ouvido*. São Paulo: Escuta, 2010.

financeiro e em tantos outros casos nos quais percebemos pessoas que têm uma espécie de aptidão espontânea a perceber padrões onde outros veem apenas uma paisagem monótona, ou uma confusão de cores onde eles veem figuras se formando. Essa é a função poética, mas também aquela que é usada pelos que se dedicam a estudar a linguagem em seu funcionamento, também chamada de metalinguagem.

Para a banda tocar é preciso encontrar, de vez em quando, um arranjador profissional ou um remasterizador, capaz de dizer: escuta só...

6. **Metalinguística e poética**: Como uma espécie de radicalização da função fática, existiria ainda uma última função que abarca todas as anteriores e que acontece quando enfatizamos a linguagem em si mesma. Essa é a função que os poetas usam para fazer seu ofício e também o que move o brincar da criança. Podemos chamar esse lugar de função lúdica ou de escuta lúdica, que é a arte na qual o palhaço se especializou. Metalinguagem é o estudo da linguagem como objeto de si mesma. Por exemplo, quando saímos da linguagem ordinária e natural e escrevemos os operadores lógicos da linguagem, estamos fazendo metalinguagem. Também quando o poeta se dedica a revirar a língua criando sentidos, nossas formas de dizer e até mesmo novos referentes, ele está a reconhecer que há um prazer interno ao uso da linguagem que merece ser valorizado.

26 | O táxi do psicanalista

É claro que há situações nas quais a escuta é prevista e delimitada como uma sessão de análise, embora hoje, felizmente, os psicanalistas também estejam experimentando cada vez mais colocar sua escuta em ação, em situações menos estruturadas do que o consultório com hora marcada. Se você quer atender certos adolescentes, considere caminhar com eles pelas ruas. Se quer realmente escutar pessoas internadas, arrisque-se a acompanhá-las em situações familiares. Há iniciativas chamadas "clínicas públicas de psicanálise" que acontecem na rua, em centros culturais ou praças.

Frequentemente sou procurado por pessoas que querem fazer terapia de vidas passadas. Quando me perguntam se eu faço esse tipo de tratamento (aliás, proibido pelo Conselho Federal de Psicologia), e quando estou disposto a uma aventura, eu digo que sim. A pessoa começa a falar e logo virá a pergunta: "Como chegamos às minhas vidas passadas?". Ao que eu repondo: "Você já está falando sobre elas: sua infância, seus namoros passados, seus empregos que já se foram, tudo isso são suas vidas passadas, e, pior, várias delas estavam realmente esquecidas".

Pois bem, em uma de minhas vidas passadas decidi que iria participar da Corrida de São Silvestre, que tradicionalmente acontecia à meia-noite, na virada do ano. As razões da decisão eram bem pouco comuns. Tinha levado um fora da garota pela qual estava apaixonado. Como é sabido, para um coração partido, datas como Natal, Ano-Novo e Carnaval tornam-se fúnebres. Toda aquela festa e diversão parece ter sido feita unicamente para te lembrar de que você é um miserável deixado para trás e excluído. Nesse contexto, veio-me essa brilhante ideia para suportar a virada de ano sozinho: "correr".

Naquela época a largada era na avenida Brigadeiro Luís Antônio ladeira abaixo. E lá fui ladeira abaixo, empurrado pela emoção da largada. Eu me encontrava sozinho na temida subida da rua da Consolação quando percebi que tinha treinado muito pouco. Não pude desligar a escuta psicanalítica quando cheguei lá embaixo: lembrei-me da velha piada, desce a rua Augusta (onde antigamente ficavam os mal afamados bordéis de São Paulo) e sobe a rua da Consolação, (conhecida por seus cemitérios). O que é que eu estava fazendo ali? Recuperando o amor perdido?[31]

Dei uma pequena risada interna quando vi o tamanho da tolice que estava fazendo. Isso foi suficiente para fazer meu fôlego, naquela época de fumante inveterado, sumir completamente. Não era uma daquelas fraquejadas recuperáveis com um pouco de calma, mas uma pane total, coração na boca (sempre ele atrapalhando), pernas bambas e o suor começando a ficar frio como uma capa de *freezer*.

Soltei então um *fático* e solitário palavrão, antes de dizer em alto e bom tom: "Não vai dar".

Ouvi então, vindo atrás de mim, um comentário de um desconhecido: "Como é que não vai dar? Respira que dá!". Levei um susto com o comentário vindo assim de um estranho. Estava aqui posta à prova minha capacidade "hospitalidade". Talvez tenha sido a minha situação

---

31. DEUS, Lara. *Uso atual da rua Augusta tem relação com sua história, revela pesquisa da FAU*. Disponível em: <https://www5.usp.br/34190/uso-atual-da-rua-augusta-tem--relacao-com-sua-historia/>. Acesso em: 29/04/2019.

de dupla vulnerabilidade, talvez o rosto, que era simpático e sorria para mim, de tal maneira que contive meu impulso a dizer "Não se meta na vida alheia", e resmunguei algo como "Será mesmo?".

Obviamente, não estava fazendo uma consideração *referencial* sobre a quantidade de oxigênio disponível em minhas hemácias. Mas ele assumiu, então proclamou o diagnóstico: "O cansaço é psicológico, não pensa nele que ele vai embora, eu sei o que eu estou dizendo". Isso mesmo, naquela altura de minha humilhada existência, tinha que ouvir de um desconhecido sorridente que o cansaço é... psicológico.

Eu poderia ter trucado a autoridade do sujeito na matéria, mas preferi ser receptivo e como sempre seguir minha curiosidade patológica sobre pessoas: "Ah... psicológico. É mesmo?". Ao que tive que ouvir: "Sabe, eu sou um tipo de psicólogo. Dirijo um táxi. Não sei por quê, mas talvez porque acham que nunca mais vão nos ver, ou por sermos desconhecidos, as pessoas começam a falar com a gente, sem vergonha como se fôssemos íntimos. No táxi a gente escuta as pessoas, e aprende muito. É tudo psicológico". Concordei com a cabeça, porque naquela altura cada palavra custava o dobro: moral e fisicamente. Bandeira 2.

Ainda assim fiquei imediatamente interessado pelo tal taxista. Queria saber exatamente como eram as "corridas" e aventuras que ele tinha vivido com mulheres dando à luz no carro, gente bêbada chegando em casa errada e namorados rompendo e começando relações. O hospício completo emergia da sua fabulosa aptidão para cuidar, interpretar e entender a mente dos outros. Anos depois me lembrei dessa cena quando aceitei fazer uma entrevista com o cabeleireiro da primeira-dama cuja chamada era: "Aqueles que cuidam da cabeça dos outros".

Éramos estranhos um ao outro. Mesmo assim meu momento de vulnerabilidade causada pela exaustão física e pela penúria amorosa foi sendo acolhido pelas palavras. Mesmo sendo ele quem falava, e falava sem parar, eu sentia que estava me escutando. À medida que ia escutando as histórias dele e, é claro, a maneira única como as contava, as energias foram voltando. Exatamente como ele tinha previsto. Talvez isso acontecesse porque eu não estava mais tão focado em mim e na perda de forças, mas nas palavras.

Quando chegamos à avenida Paulista, levei um susto. "Não é que chegamos?" Ao que tive que ouvir: "Não te falei que era tudo psicológico? Tá vendo?".

Juntos, pegando carona no táxi verbal dele, chegamos até a linha final. Nunca mais nos vimos, no entanto jamais me esqueci de sua escuta amiga e hospitalar. Escuta que só foi possível porque pudemos acolher um ao outro como hóspedes mútuos. Um encontro baseado na intrusão de um elemento imprevisto de um hospício a céu aberto, como oportunidade para alterar a estrutura da situação da vulnerabilidade em que eu me encontrava.

Isso me tornou hospedeiro dessa experiência que agora transmito a vocês.

27 | Educados para a solidão silenciosa

Pesarosamente, a maioria de nós não foi educada a escutar. Foi, sim, *adestrada* para ser muito comportada e a ficar quieta "senão vocês vão para sala da diretora!", que é um jeito eficientíssimo de matar dois coelhos com uma cajadada só: a diretora passa a ser vista como um monstro e a escuta como coisa de pau-mandado. Não é à toa que "escutar" tenha se tornado sinônimo de "calar, obedecer e resignar" solitariamente, no castigo do isolamento de quem tem que ir "lá no canto pensar no que fez". Como se o recolhimento, a meditação e o escutar fossem, antes de tudo, um castigo. "O chefe fala, o funcionário escuta." "Quem sabe fala, quem não sabe obedece." Ou seja, a história que a maior parte de nós aprendeu, que escutar é o lugar do subalterno, e falar é para quem manda.

Os professores valorizam quem fala, mesmo que levantem a mão apenas para dizer asneiras. Este é visto e percebido como alguém que faz alguma coisa. O escutador está pensando profundamente sobre o que acabou de ouvir, às vezes fazendo aquelas maravilhosas junções cognitivas que parecem reunir partes da cidade que conhecíamos independentemente, mas que não sabíamos que se ligavam entre si.

As imensas e metafísicas relações evocadas por aquelas palavras, tudo isso acontece em silêncio e na solidão que te confundirá com o mais aéreo e disperso aluno, em estado de corpo presente, mas com o espírito vagando entre a Ursa Maior e Alfa Centauro. Como saber, e premiar, alguém que, no meio da multidão, está te escutando? Alguns poucos professores conseguem decifrar faces, mas basta que a classe seja um pouco maior e o número de alunos mais extenso para que essa habilidade comece a enfraquecer. Ademais, como dar nota pela escuta?

E quando perguntamos para as pessoas como elas aprenderam a escutar, a resposta usual é: valorizando aqueles momentos raros e aquelas pessoas mágicas que nos escutaram quando mais a gente precisava. Ou seja, de modo empírico, informal e dependente do bom acaso.

Não fomos educados a escutar o que sentimos nem a sermos hospitaleiros com nossas vozes dissonantes. Não fomos educados a pesquisar como expressar esses sentimentos de forma saudável, e jamais nos fizeram refletir sobre a arte de modular a expressão de nossos afetos e a importância de escutarmos o outro ou sermos por ele escutados. Ainda assim, sabemos que, quando estamos muito eufóricos, exageramos positivamente a realidade, que, quando partilhamos o nervosismo, isso parece contaminar os outros à nossa volta. Intuitivamente sabemos que aquele sujeito de humor depressivo pode se indispor com nossa alegria, e aquele outro pode ficar intimidado com nossa extroversão, apenas pelo fato de manter uma atitude mais esquiva com os outros. Fica claro que para escutar o outro, além de ler as palavras e a gestualidade, é preciso entender a dinâmica de como somos atingidos pelos afetos, de como nos movem, comovem ou emocionam em determinadas direções, e, finalmente, como se estabelece uma espécie de construção compartilhada dos afetos e das emoções de forma a estabelecer sentimentos comuns.

Não fomos educados a escutar o outro. Não fomos educados a tentar compreender e lidar com a forma humanamente particular, torta e atabalhoada como cada qual consegue e fracassa ao expressar tudo que sente, pois também, como nós, não foi educado a acolher, cuidar e expressar seus sentimentos. Não fomos educados a tolerar, compor, cooperar. Nos ensinam na escola que ser sociável é perseguir nossos próprios interesses de forma individual, respeitando os outros e obedecendo leis de convívio e educação. Fomos adestrados a cuidar de nós mesmos, a encontrar nossas próprias soluções e caminhos, sem que a escuta do outro e de nós tenha um grande papel nisso.

Diante dos alunos alvoroçados, a professora e o professor dizem: "Levanta a mão quem quer falar". Afoita e imediatamente todos levantam os braços. Um felizardo, então, é escolhido, mas, enquanto ele conta sua novidade, todos os outros continuam com mãos erguidas, prontos para darem o bote, e ocupar o valorizado lugar de fala. *Os dedinhos em pé sinalizando que enquanto o amigo fala todos continuam pensando no que queriam dizer.*

Fomos sistematicamente educados a este vazio relacional: a aluna ou aluno que fala está feliz apenas por ocupar espaço ou tornar-se o centro das atenções, não necessariamente por estar sendo ouvido. O mais importante já foi conquistado, um lugar ao sol: *o microfone é meu. E melhor, só meu.* Isso tem sérias consequências para formação de uma cultura que valoriza o debate, a diferença de ideias, a oscilação entre conflito e conciliação, pois escutar o outro é sentido, muitas vezes, como uma espécie de derrota ou perda de espaço.

Faz parte da função hospedeira da escuta transmitir e ensinar a escutar. Transmitir o que nos foi transmitido é como cuidar daqueles que cuidam, isso significa compreender a prática da escuta como parte da construção de uma cultura. E compreender uma cultura ou uma comunidade não apenas como um grupo definido por interesses semelhantes, mas também pela capacidade de escutar.

O hospedeiro é aquele que se torna protagonista da experiência vivida, pois se apropria da herança deixada pela experiência. Ser protagonista, na cultura da competição, é ocupar o centro das atenções, ter o microfone para si a ponto de levá-lo para casa. Mas ser protagonista na cultura da cooperação é ser, conforme a etimologia da palavra, aquele que, por conter em si o conflito, também o propaga e representa. Protagonista vem de *proto* (portador ou precursor) e *agon* (conflito).

28 | Competir ou cooperar?

Se por um lado não fomos educados a escutar, por outro fomos e continuamos sendo competentemente treinados a competir, sempre e a qualquer custo. Por cada palmo de chão, por cada instante de fala, por mais reconhecimento, por tudo. Esse adestramento segue um fluxo lógico e, olhando para ele, torna-se bem fácil compreender a inevitável consequência. O "modo competição" é próprio da cultura da escassez, em que se entende que os recursos são poucos e insuficientes para todos, portanto é preciso lutar segundo a regra tática de que a vitória de um será a derrota do outro. O outro pode ser um adversário ou um aliado. Ao acatar servilmente o meu papel, acabo sentenciando o papel do outro: ser meu concorrente, antagonista, inimigo. Quando os outros tornam-se oponentes, não nos sentimos mais "componentes" de uma mesma unidade. Por isso, o grande problema para a formação de lideranças é fazer com que a disputa pela ascensão vertical não prejudique ou ameace a coesão horizontal.

A cultura da cooperação desenvolve-se quando percebemos que os recursos são abundantes e estão mal distribuídos ou são tão escassos – e nós tão vulneráveis –, que só conseguiremos alcançá-los por um esforço conjunto. Isso aumenta a implicação e a importância proporcional de cada um, porque não estará apenas obedecendo, mas sentindo-se autor conjunto de uma obra coletiva. Aqui teremos que escutar os outros, não apenas obedecer a ordens ou estratégias de ataque e defesa.

Transitar do modo competição para o modo cooperação, ou seja, passar do oponente ao componente é a tarefa do percurso da escuta. A passagem da hospedagem ao hospital, do hospício ao hospedeiro não é um método, nem uma regra, muito menos um esboço de currículo, não pode ser feita por meio de uma disciplina, mas exige certa relação ética com o outro. Essa relação pode ser formada, pode ser incentivada e boa parte das grandes obras de cultura, de arte ou de literatura nos ensinam, pelo seu próprio desafio, como podemos aprender a escutá-la como parte formativa de nós mesmos.

Deve estar ficando claro que a escuta não é apenas uma técnica ou um método, uma arte ou uma habilidade, mas uma ética. Quem fala em ética não fala, no nosso caso, em dizer o que é o bem, mas em bem dizer. Dizer bem, o que nos move. Encontrar as palavras e os tempos que nos aproximam ou nos distanciam. Como diz Eduardo Galeano: "Nós fomos educados para ver o outro como uma ameaça". E não fomos? Que criança nunca ouviu a frase "Não fale com estranhos"?

Moldados pela competição e pelo medo, pela oposição entre impotência e onipotência, crescemos vendo no outro um predador sempre à nossa espreita, pronto para abocanhar algo nosso muito precioso: o lugar na fila, a vaga no estacionamento, o posto no emprego. Diante desse terrível e ameaçador "oponente", vou abrir meu coração para escutá-lo, buscando pontos comuns, termos compartilhados e lugares de mediação? Diante dele eu vou criar uma ponte que nos ligue ou um muro que nos separe?

Seria, no entanto, uma ilusão achar que onde há cooperação e solidariedade deveria haver menos conflito. Ao contrário, o ambiente cooperativo possibilita que os conflitos saiam das sombras e se apresentem, sem que necessariamente ocorra o confronto entre pessoas por conflitos de ideias. É justo dizer que a escuta, verdadeiramente cooperativa, hospitaleira e hospitalar, não implica apenas em concordância irrestrita, mas também, e na mesma dose, em divergência e dissenso, pois essas dissonâncias inevitáveis e potencialmente criativas encontram abrigo, destino e encaminhamento. No ambiente de cooperação nos é permitido modular a distensão ou o aumento do conflito, por meio até mesmo de atitudes competitivas, tais como polemização ou tensionamento de posições, que surgem aqui, não para aniquilar o outro, mas com a intenção genuína de instigá-lo, movê-lo, despertá-lo.

Podemos dizer, portanto, que a escuta, no modo cooperação, envolve dois movimentos: trazer à luz o conflito onde há demasiado (e possivelmente mascarado?) consenso e trazer consenso onde há demasiado dissenso. Mas esse passo depende crucialmente de processos que a psicanálise e a psicologia estudaram em torno da simbolização de conflitos. Esses processos podem ser resumidos pela possibilidade de substituirmos conflitos reais por equivalentes simbólicos como o jogo.

A escuta lúdica não é uma escuta inconsequente, mas uma forma de produzir um substituto virtual dos problemas reais para poder regressar a eles com um melhor ponto de vista e uma atitude menos parcial. O estado de jogo, a metáfora ou alegoria são cenários e simulações por meio das quais tratamos o conflito pela palavra, antes que esta seja substituída pelas ações.

Mas como educar para uma escuta inclusiva, empática, cooperativa? Acreditamos não existir uma única resposta, nem a melhor nem a certa. O que existem são pistas. E, na maioria das vezes, elas são mais valiosas do que respostas definitivas. Essas pistas se encontram nas histórias que vivemos. Às vezes camufladas em metáforas e às vezes bem ali à mostra, concretizadas em ações que deram certo, que não deram muito certo, ou que deram errado mesmo. Cada um de nós com certeza tem um caso de encontro e desencontro para contar. Um dia em que uma única palavra mal compreendida pôs tudo a perder, ou o contrário, um simples gesto promoveu uma grande mudança na qualidade da relação. A ideia deste livro é justamente essa, oferecer algumas pistas.

29 | Três perguntas mágicas

Quem já deu aula já viveu essa cena. Quem já se sentou com mais de três adultos numa sala, também. Pense naquela roda de novidades, com crianças de 6, 7 anos, contando na escola como foi o fim de semana.

Imagine que a primeira diga que foi à praia. Instantaneamente todas as outras crianças começam a gritar coisas como: "Eu também fui para praia!", "Meu pai tem casa em Ubatuba", "Minha tia vai para a Praia Grande!". Uma competição danada. Ninguém nem *tchuns* para a praia do primeiro falante.

Conhece algum adulto que faz isso? Que não escuta a novidade do outro, interessado que está de falar de si? Que quando você diz que voltou de Paris ele começa imediatamente a falar como foi a viagem *dele* para a França... em 1913.

Alheios ao burburinho, engolidos pela luta pelo espaço de fala nos tornamos solitários. Felizes por termos marcado um ponto no universo das existências, nos tornamos efemeramente visíveis, podemos desaparecer enquanto o resto fica lá, discursando para ninguém no meio da disputa acirrada pela melhor e mais legal ida à praia de todos os tempos. Nessa cena não há escuta lúdica, apenas reposição de combatentes da palavra.

Durante muitos anos lidei com situações exatamente como essa, sem saber muito como transformar o cenário. Não se tratava apenas de emudecer as crianças submergindo-as em silêncio disciplinar, subserviente e desinteressado, coisa que vez ou outra conseguiria por decreto. Buscava algo que pudesse transformar a estrutura viciada naquele tipo de funcionamento individual e coletivo. Até que o desespero criativo derivado da escuta desse fracasso recorrente me fez chegar a uma dinâmica transformadora: *O jogo das três perguntas mágicas*.

Na verdade, a palavra "mágica" foi adicionada algum tempo depois, devido aos resultados inesperados que a dinâmica proporcionou. Funciona assim: depois que o primeiro aluno falar que foi à praia, só é permitido contar sobre a própria viagem quando o grupo tiver feito ao menos três perguntas sobre a praia do outro. Ou seja, depois de ter *escutado* suas três respostas.

A dinâmica é realmente muito simples. Mas este *só isso*, que corresponde ao princípio de brevidade e concisão, gera *tudo isso*, que equivale ao princípio de extrair a maior potência de efeitos com o menor manejo operacional. Lembre-se: quando discutir as regras do jogo se torna mais importante do que o jogo em si, há algo errado em curso. Há algo a mais para ser escutado na estrutura da situação.

Nenhum grupo até hoje – e faço esse jogo há muitos anos – parou nas três perguntas iniciais. À medida que as respostas vão chegando, os alunos se empolgam e acabam fazendo muito mais perguntas, interessando-se e enriquecendo a viagem do protagonista. É a sequência de perguntas e respostas que permite que a transformação lúdica aconteça. No início, os questionamentos costumam ser mais concretos e objetivos:

"Onde era a praia?"
"Fez sol?"
"Com quem você foi?"

Conforme as primeiras respostas vão sendo acolhidas, novas perguntas vão adquirindo outro caráter, mais e mais profundo, detalhado ou pessoal:

"Por que sua mãe não foi?"

"Você chorou quando seus pais se separaram?"

"O namorado da sua mãe é legal?"

Todo mágico que se preza tem um número em que ele faz aparecer algo – como o coelho na cartola; outro em que ele faz a plateia ver uma coisa que estava na sua frente, aparentemente oculta, como uma carta do baralho; e um terceiro truque, em que ele transforma um objeto em outro, como o clássico lencinho que vira flor. *O jogo das três perguntas realiza estas três proezas: conjura um campo de identificação, isso permite ver no outro aspectos antes ocultos e, finalmente, transforma o modo competição em modo cooperação.*

A arte das perguntas consiste em entender que a pergunta já é em si uma resposta e uma intervenção sobre a situação na qual nos encontramos. Quem foca na pergunta como meio para obter uma informação relevante está, consequentemente, colocando em segundo plano a situação na qual nos encontramos e colocando um primeiro plano em seus próprios interesses. A educação para a escuta consiste em ensinar a fazer perguntas que alternem cooperação e competição, leitura da situação e leitura de interesses individuais, orientação para a decisão e orientação para a brincadeira.

Modo competição

Modelo de conversa: debate
Objetivo: derrotar o outro
Meu papel: convencer
Papel do outro: oponente

Fluxo Competitivo

Escuta seletiva
Escuta confrontativa
Escuta excludente
Escuta ofensiva ou defensiva

⬇

Campo de identificação

Espaço de transição – ênfase na resposta

> Escuta estratégica com relação aos fins
> Escuta lúdica
> Escuta empática com relação aos meios

Espaço de transição – ênfase na pergunta

⬇

Modo cooperação

Modelo de conversa: diálogo
Objetivo: compreender o outro
Meu papel: compor
Papel do outro: componente

Fluxo Cooperativo

Hospitalidade
Hospital
Hospício
Hospedeiro

30 | Sete escutas da língua tupi[32]

Enquanto os filhos do "homem branco" estão trancados em salas aprendendo que a diretora é um monstro e que escutar é uma coisa menor, indígenas da etnia tupi exercitam suas escutas do mundo.

Para a sabedoria tupi, nós temos sete formas distintas e complementares de escutar. Elas estão em todos nós e cada um costuma nascer com uma dessas escutas mais desenvolvida, como uma característica pessoal. Desde pequenos, conforme seu modo de criação, eles são levados a reconhecer e praticar a escuta de si e do outro como um processo contínuo e evolutivo. A regra geral pode ser chamada de "perspectivismo", ou seja, minha escuta deve reconhecer a perspectiva do outro

---

32. Fazendo pós-graduação em Pedagogia da Cooperação e Metodologias Colaborativas (Projeto Cooperação), conheci Kaká Verá, que ministrava o módulo "Princípios da Comum-Unidade". Fui totalmente captado por sua fala mansa e suas histórias. Quando decidimos que escreveríamos este livro, entrei em contato e pedi para ele me contar de novo um pouco do seu conhecimento sobre escuta dos povos tupi. Kaká Verá é escritor, empreendedor social, professor universitário com foco na difusão da cultura e dos saberes indígenas.
WERÁ, Kaká. *O trovão e o vento*: um caminho de evolução pelo xamanismo tupi-guarani. São Paulo: Polar Editorial, 2016.

na qual estou incluído. Ser visto e reconhecer minha posição no olhar do outro e, a partir disso, concluir qual a perspectiva que me cabe, parece uma atitude compatível com o que aqui estamos chamando de escuta empática.

Dentro disso distinguem-se sete formas de escuta:

1. **Ouvido direito (*WaK'Mie*):** É um modo de escuta associada ao masculino, não como gênero, mas como atitude propositiva, ativa e impulsiva.
2. **Ouvido esquerdo (*Kat'Mie*):** Escuta associada à energia feminina, tida como passiva, apreciativa ou sem filtros, no sentido de maior acolhimento e abertura, pois não seleciona ou dirige a fala do outro. É o ouvido de quem gosta de "assuntar".
3. **Ouvido terra:** Forma de escuta baseada no corpo e na receptividade global, mais tátil e concreta do que a que se pratica com os ouvidos. Percebe o ambiente com ênfase em suas pequenas diferenças.
4. **Ouvido água:** É a escuta dos pescadores de afetos, emoções e sentimentos. Ela flui como a água, ora formando cascatas, ora em corredeiras intensas, ou ainda em vagarosa morosidade e até mesmo formando lagoas ou poças pantanosas.
5. **Ouvido ar:** É a escuta reflexiva ou filosófica, que nós entendemos como demais curadores de alma. Disposta a acolher aquilo que é mais reflexivo ou argumentativo, construindo cenários e futuros possíveis assim como histórias imprevistas.
6. **Ouvido fogo:** É a escuta intuitiva ligada às narrativas imagéticas. É uma forma de escuta que convida para a ação, para a decisão, assim como para a solidariedade e comunidade entre as pessoas em torno de uma história ou de um sentido comum. Ela se faz valer de paisagens e cenários sonoros que aguçam a curiosidade em busca das possibilidades escondidas de uma determinada situação ou pessoa.
7. **Todos os ouvidos integrados:** Escuta ampla e totalmente integrada, acessada por poucos, envolve coordenar os sucessivos

movimentos cooperativos e competitivos, em um esforço simultâneo de acolher e transformar a situação pela ação conjunta dos participantes. Aproxima-se do que chamamos neste livro de escuta empática e lúdica do líder escutador.

Os tupis aprendem a escutar nas trocas cotidianas em comunidade, transmitindo histórias e fazendo perguntas. Treinados desde sempre a perceberem e exercitarem suas escutas, os indivíduos da tribo vão igualmente reconhecendo qual a característica de escuta de cada integrante da aldeia. Esse conhecimento permite que num diálogo usem expressões e verbos que vão "acender" a escuta do outro, ao modo de "iscas" para a curiosidade.

Por exemplo, se reconheço no outro a escuta terra (concreta, tátil) posso, por exemplo, iniciar a conversa dizendo: "Sabe o que me *toca* em você?". Se meu interlocutor possui uma escuta fogo, (visão, imaginação), eu posso instigá-lo empregando expressões como "veja só..." ou "*imagina* uma coisa...". Quando reconheço a escuta predominantemente água (afetiva, emocional), ajusto minha abordagem fática para expressões como "Eu *sinto* que...". Assim como se me percebo diante de alguém que me escuta de forma reflexiva ou mental (escuta ar), posso utilizar algo como "quero que você *reflita* sobre um assunto".

Fazer o diagnóstico da escuta é um passo muito importante. Perceber que seu líder tem uma escuta mais terra, tipo "pão-pão queijo-queijo", você encurtaria o caminho chegando com informações concretas, trazendo dados. Eventualmente, você sente que ele não lhe dá a devida atenção, mas isso pode ser apenas e tão somente um desencontro de modos preferenciais de escuta.

Reconhecer que a pessoa em quem você está interessado tem uma escuta mais "aérea", ou seja, reflexiva ou mental, pode evitar abordagens que a deixariam com a impressão de que você é ou está sendo muito terreno e concreto, ou até mesmo chato. Mas não imagine apenas que você deveria se adequar ao tipo de escuta do outro. É muito importante ler em si mesmo qual o seu tipo de escuta preferencial, ou pelo menos qual está em vigor ou preponderância naquele dia e naquela situação. A regra é recíproca, pois alguém que não consegue ou não se interessa por ler seu estilo de escuta talvez não seja mesmo a melhor companhia para você.

A importância da escuta para os povos tupis se traduz no termo que utilizam para designar o cacique: *Acanguatara*. Esta palavra significa *Cabeça Boa de Escutar*. Aqui se torna irresistível fazer uma comparação com os "homens brancos" que admiram líderes que "falam bem" enquanto nossas populações ancestrais consideram líder aquele que melhor lhes escuta.

31 | A arte de perguntar

Entramos na escola com olhos e ouvidos abertos. Curiosos, investigadores, detetives, cientistas, por natureza. Costumamos sair dela com viseiras. No lugar das perguntas, respostas prontas. No lugar da curiosidade, obediência. Talvez a maior diferença entre a cultura Ameríndia e a nossa, no que se refere à educação, esteja justamente na discrepância entre ensinar e aprender. Enquanto confinamos nossas crianças em salas para que professores lhes ensinem o mundo, os tupis oferecem o mundo aos seus filhos para que eles o aprendam. Isso muda tudo. Ensinar é esperar respostas, aprender é fazer perguntas.

Certa vez perguntaram a Isidor Isaac Rabi (1898-1988), vencedor do prêmio Nobel de Física de 1944, qual o motivo de ter se tornado cientista. Ele respondeu que teria sido por causa da sua mãe. Explicou que em sua infância, na saída da escola, enquanto todas as mães da vizinhança perguntavam: "Filho, o que você aprendeu hoje?", sua mãe lhe indagava: "Filho, o que você perguntou hoje?".[33]

---

33. Disponível em: <http://www.nytimes.com/1988/01/19/opinion/l-izzy-did-you-ask-a-good-question-today-712388.html>. Acesso em: 29/04/2019. Página indisponível.

Bons jornalistas, assim como palhaços e psicanalistas, incorporaram a regra dos cinco *porquês* que definem a apuração de uma notícia ou acontecimento:

1. Quem?
2. O quê?
3. Quando?
4. Onde?
5. Por quê?

Note que as perguntas têm uma ordem e só a última procura relações causais, sendo as quatro anteriores descrições do acontecimento. Isso já nos indica um erro básico do mau escutador: julgar antes de investigar. Escutar presume, antes de tudo, reconstruir.

Outro conceito jornalístico importante é o de pirâmide invertida. Segundo Carl Tiuí Hummenigge (1853-1935), antes de divulgar, noticiar ou responder a um acontecimento qualquer, é preciso:

1. **Compilar**, isto é, colher versões, examinar variedades de pontos de vista ou zonas de interesse que estão envolvidas no acontecimento.
2. **Limpar**, isto é, separar as reações exageradas ou amortecidas, as interpretações e as versões envolvidas no evento.
3. **Contextualizar**, ou seja, inserir o ocorrido em uma série histórica, mostrar como ele se conecta com outros eventos ou que ele depende de uma cadeia de causas, razões ou motivos para se tornar compreensível.
4. **Combinar**, isto é, articular a mensagem que será dada com outras assim como checar as versões com os envolvidos, quando possível, para que as suas fontes aprovem ou pelo menos acompanhem o que você irá noticiar.
5. **Comunicar**, ou seja, tornar público e manifesto um acontecimento, torná-lo relevante e contributivo para a formação de opiniões e

concorrer para o esclarecimento das pessoas sobre o que determina suas vidas.

Em tempos de pós-verdade e *fake news* é esse trabalho que estamos deixando de ter. Lemos títulos e cabeçalhos e antecipamos a notícia, identificamos quem enviou a mensagem e antecipamos do que ela é feita, e, no mais, estamos fortemente guiados pelo viés de confirmação, ou seja, reencontrar no que o outro está dizendo apenas o que queremos ouvir e não o que ele está efetivamente dizendo. É por isso que as pessoas sentem que são escutadas cada vez menos, que vivemos em bolhas autoconfirmatórias, e que, apesar da imensa facilidade de recursos para confirmar, desmentir ou problematizar algo, na realidade não nos damos ao trabalho do rigor das perguntas ou ao esforço de apuração de fatos.

Até aqui estamos aproximando a arte de fazer perguntas do processo de escuta, porém essa aproximação tem limites e o mais óbvio deles é que nas cinco perguntas e cinco movimentos de apuração da notícia, falta uma nas quais palhaços e psicanalistas concentram suas energias: *Como?*

Como alguém diz o que diz é uma chave essencial para entender o dizer. As perguntas que se orientam para o "como" podem ser distribuídas entre as que nos ajudam a verticalizar a conversa, aprofundando temas e assuntos, as que mudam a "marcha" da conversa, seja por aceleração e lentificação ou para ir para a frente ou para trás no contrato entre os interlocutores, e também as perguntas que checam como estamos indo e como estamos nos sentindo com o outro naquela pequena viagem feita de palavras.

As *perguntas de aprofundamento* podem ser chamadas de perguntas *snorkel*. O *snorkel* é um equipamento de mergulho utilizado para respirar embaixo da água. Há pessoas que, em certos assuntos, estão munidas de verdadeiros tanques de oxigênio e parecem ser capazes de viver no fundo do mar por horas. Mas cada um tem o *snorkel* que o habilita a mergulhos mais ou menos profundos. O mergulho, é claro, dependerá do tipo de mar onde ele acontece. Em águas revoltas e movediças, como as que envolvem certos temas polêmicos, você pode estar com o melhor *snorkel* do mundo e logo se sentirá asfixiado. Há outros temas nos quais todos podem mergulhar perfeitamente, e costumam ser um ótimo campo de experimentação para outros dois tipos de perguntas.

As *perguntas-contrato*[34] ou *com-trato* alteram a relação de pacto, ou de contrato comunicacional, entre quem diz e quem escuta. Elas são geralmente organizadas pelo antagonismo (um tem a razão e o outro não) ou pela cooperação (ambos têm um problema e buscam um horizonte comum para resolvê-lo ou tratá-lo). Por exemplo, quando você está de boca aberta e o dentista, com o motorzinho na mão, te pergunta: "Está doendo?". Ele está negociando um contrato, pedindo permissão para aprofundar os procedimentos. Saber quem é quem na conversa pode se transformar em uma tarefa chata e desinteressante quando se trata de uma competição para ver quem sabe mais, quem aparece mais, ou quem tem a melhor imagem para a *selfie*. Boas conversas têm seu foco no encontro, oscilando e aprofundando para um ou para outro interlocutor. Mas, como vimos antes, a oscilação entre competir e cooperar é uma dimensão incontornável da escuta, e pode ser aprimorada desde que possamos passar da competição entre um e outro para a competição entre "nós" e o "outro". Isso gera laços baseados na exclusão ou no ataque a um terceiro, como a fofoca e a intriga, mas também nos faz passar da competição entre indivíduos para a cooperação entre indivíduos e a competição contra causas: por exemplo, juntos contra a ignorância, juntos contra os que propagam a violência, juntos contra quem escreve livros sobre escuta etc. Essas perguntas são perguntas-contrato, pois elas recapitulam, estabelecem ou transformam as regras da conversação, os pontos estabelecidos e os que ficaram para trás. É como se estivéssemos em um jogo que redefine suas regras durante o percurso.

---

34. Termo inspirado em um dos sete passos da Pedagogia da Cooperação: Com-Tato, Com-Trato, Inquieta-Ações, Fortalecimento de alianças e parcerias, Soluções Como--Uns, Práticas de Cooperação e celebrar o Vem-Ser.

Por fim, existem as *perguntas contato ou com-tato*,[35] ou seja, as que alteram a relação de quem fala com o que ele mesmo está dizendo. Está falando a verdade? Está brincando? Está testando para ver até onde acredito? São as perguntas que investigam o grau de adesão ou de convicção ou de certeza que alguém apresenta em relação ao que está dizendo. O outro acredita naquilo ou está te dizendo apenas para produzir um efeito sobre você? Por exemplo, te provocar? Aqui podemos colocar as perguntas sobre que tipo de filme está sendo produzido pela conversa: documentário ou ficção? Que tipo de seriedade podemos localizar na conversa? Estamos mentindo? Estamos brincando? Estamos nos enganando, repetindo apenas o que achamos que o outro quer ouvir? Escutar é abrir-se para a experiência, acolhendo a vulnerabilidade e a contingência que introduzem "viradas" na conversa, ou seja, quando passamos, por exemplo, da comédia para a tragédia, do drama para o épico, do mais baixo ao mais alto, do discurso técnico ou erudito ao discurso popular e casual. Essas perguntas podem ser chamadas também de perguntas "com tato", no sentido que devem ser feitas com cuidado, pois elas exploram o tipo de encontro que está em curso alterando ou reassegurando o nível de empatia e de ludicidade da conversa.

---

35. Idem nota 34.

32 | Fala que eu não te escuto

Quando eu estava no ensino médio, o que faz tantos anos que parece outra encarnação, comecei a reparar que alguns professores não nos escutavam. A gente perguntava uma coisa, eles respondiam outra. Às vezes, até escutavam, mas apenas uma parte da fala e por isso respondiam o que achavam que teria sido a pergunta, se ela pudesse ser feita inteiramente. Diante desse diagnóstico, resolvi fazer uma brincadeira que acabou se tornando uma mania na turma do fundão: passei a enfiar palavras absurdas na frase para ver se os professores escutavam: "Professor, qual o resultado dessa evacuação de segundo grau que está na lousa?". "Professora, na península histérica, quais países fazem fronteira, Portugal e Espanha?" Os queridos docentes nunca perceberam e tampouco entendiam por que ríamos tanto quando me respondiam. O que poderia ter de tão engraçado na fronteira entre esses dois países?

Um dos professores tornou-se nosso alvo predileto. Ele era chato, intransigente, não deixava ninguém ir ao banheiro antes de tocar o sinal. Como vingança pela tortura urinária, passei a fazer com ele o seguinte teste de escuta:

"Professor, posso ir ao banheiro?"

E ele:

"Não pode! Só no final da aula."

Um minuto depois, eu repetia:

"Professor, posso ir ao banheiro?"

E ele, ficando irritado:

"Já disse que não. Só depois do sinal..."

Então, eu dava mais um minutinho, e apontando para a porta, perguntava:

"Professor, o seu pinto sobe?"

E ele, irritadíssimo:

"Já falei que não, filho! Só depois do sinal!"

Como o leitor pode perceber, a turma do fundão era realmente muito empenhada e comprometida com a nossa aprendizagem. Estudávamos por meio do método científico; observávamos a realidade, pinçávamos um fenômeno observado nessa realidade, levantávamos hipóteses para esse fenômeno e realizávamos experiências para comprovar nossas teses. Trinta anos depois, eu já era um dedicado pesquisador da escuta e resolvi fazer uma série de três vídeos[36] inspirados naquele experimento da escola. A ideia era sair às ruas perguntando coisas absurdas e ver o que acontecia. Chamei dois sobrinhos para brincar a sério comigo. O mais velho filmou e editou e o mais novo fez as legendas. Como a gente não tinha recursos, gravamos tudo com celulares que fizeram papel de microfones e câmeras, quase ocultas. O resultado foi tão hilário quanto estarrecedor: quase ninguém escutou realmente o que eu falava. Em uma das cenas, paro o carro na porta de um condomínio e peço licença para passar dizendo: "Tudo bem, eu vou na rua Piraí

---

36. *Fala que eu não te escuto* (ep. 1). Disponível em: <https://www.youtube.com/watch?v=RjduZOAXNBo>. Acesso em: 29/04/2019.
Fala que eu não te escuto (ep. 2). Disponível em: https://www.youtube.com/watch?v=qwZNLOTJkms>. Acesso em: 29/04/2019.
Fala que eu não te escuto (ep. 3). Disponível em: <https://www.youtube.com/watch?v=q9jdjnIUYIg>. Acesso em: 29/04/2019.
Fala que eu não te escuto (TED Jardim Botânico). Disponível em: <<https://youtu.be/dVLZYMHympE>. Acesso em: 29/04/2019.

sequestrar o seu Antonio". A resposta do porteiro: "Fique à vontade!". Em outra cena, também de dentro do carro, pergunto a um pedestre: "Sabe onde tem um banco? Quero estourar o caixa...". O pedestre pergunta: "Itaú?". Eu repito: "Sim, um caixa para estourar..." e ele atenciosamente nos indica o caminho. Cenas assim se repetem ao longo dos três episódios. A série virou um sucesso e conversamos com muita gente sobre os vídeos: jornalistas, psicanalistas, pedagogos, fonoaudiólogos e neurocientistas. A conclusão a que chegamos? Várias. Nada definitivo e todas complementares.

Uma das explicações é que o nosso cérebro naturalmente seleciona parte do que chega até ele. Isso acontece porque senão dá um *tilt*.[37] Imagine se todos os estímulos a cada segundo tivessem que ser minuciosamente decifrados. Seria um gasto gigantesco de energia. Para você ter uma ideia, o cérebro de outros primatas consome, em repouso, cerca de 8% de energia do corpo, enquanto o nosso utiliza, também em repouso, 25%. Como não temos pré-catalogada a hipótese de alguém chegar na portaria de um prédio e perguntar educadamente se pode fazer um sequestro, ele descarta essa opção para não gastar preciosa energia com isso. Reza a lenda que, quando as caravelas apareceram em alto-mar pela primeira vez, nossos índios não conseguiam vê-las, porque aquilo era tão inédito, que seus cérebros não registravam.

---

37. *Tilt* é uma expressão do século XX popularizada entre aqueles que se dedicavam a cabular aula e jogar fliperama, o precursor dos atuais videogames. Esse jogo mecânico e eletrônico envolvia duas hastes móveis que se erguiam ou abaixavam, quando você apertava dois botões, um de cada lado, que impulsionavam uma bola de metal, em uma espécie de mesa inclinada, repleta de alvos que, quando acertados, emitiam luzes e sons. As duas hastes deixavam um vão central por onde a bola caía derrotando o jogador. A arte do *pinball*, imortalizada no hit "Pinball Wizard" do grupo The Who, consistia em empurrar a máquina levemente para um lado ou para o outro, para a frente ou para trás de modo a favorecer ou evitar o percurso da bola. O bom jogador tinha uma relação de "escuta" com a máquina. Ou seja, ele a empurrava para cá e para lá, mas nunca de modo muito violento, porque neste caso ela parava tudo, desligava as luzes, fazia um barulho indefectível de derrota e acendia uma pequena luz onde se lia: *tilt*.

Outra explicação para não terem me escutado nos vídeos pode ser o estado de saturação em que vivemos. São muitos os estímulos, as solicitações e as responsabilidades: o filho, a filha, o marido, o patrão, o prazo, o condomínio, a escola, a sogra, as redes sociais, o e-mail e nosso sentimento básico é de atraso e insuficiência diante de tantas coisas, pessoas e demandas para escutar. Se já é função natural do cérebro selecionar para economizar energia, aí é que ele te coloca no automático mesmo.

Chamamos esse automatismo de *Teoria da Coca-Cola*. Segundo o instituto de pesquisas Thebas-Dunker, 93% das vezes em que você pede Coca-Cola só com limão, você recebe Coca-Cola com limão e gelo. Já passou por algo parecido? Faça um teste. Quando comprar alguma coisa na padaria ou farmácia, na hora de pegar o produto adquirido e ir embora, não diga "muito obrigado", e sim, "até logo, um abraço". Conte quantas vezes ouvirá de volta: "de nada!".

Outra hipótese para a surdez social revelada pela web-série é que há nos vídeos uma incongruência entre o que digo verbalmente e o que é "dito" pela minha linguagem corporal e posição de classe denunciada em meu modo de vestir e falar. E essa incongruência que deveria confundir as pessoas é suprimida do circuito da comunicação.

Estudiosos da paralinguística,[38] ou seja, a ciência da linguagem não verbal, argumentam que quase 60% da mensagem é determinada por propriedades da linguagem como entonação, melodia, volume e tom de voz. Se há uma "sincronia" ou "simpatia", nosso eixo corporal se alinha com o do nosso interlocutor em uma atitude corporal de espelhamento espontâneo. Um cruza as pernas ou braços, o outro faz isso também. Se um usa as mãos, o outro tende a acompanhar. Isso não vale apenas para a interação cooperativa, mas também se estamos em uma relação agonística, um levanta a voz, o outro segue, se um silencia, o outro também. Isso é particularmente chocante na interação entre adultos

---

38. MESQUITA, Rosa Maria. "Comunicação não verbal: relevância na atuação profissional". *Revista Paulista de Educação Física*, v. 11, n.2, p. 155-163, jul./dez. 1997.

e crianças muito pequenas. Nós ajustamos "automaticamente" nosso tom de voz, nossa posição no espaço, de tal forma a entrar no campo de captação visual ótimo para a formação do foco, tudo isso "sem saber". Mães são capazes de reconhecer o choro de seus filhos em meio a uma multidão de bebês semelhantes. Bebês são capazes de reconhecer e se acalmar com a presença do ritmo cardíaco preciso de suas mães. Esses sinais de simpatia podem ser revertidos quando queremos detectar "discordância" ou "antipatia", por exemplo, cruzar os braços, quando você não cruzou os seus, elevar o volume da voz quando você não o fez, desalinhar a posição do torso. Isso sem falar em sinais de ansiedade, como tocar-se na face ou nos cabelos, ou de sedução, como mostrar delicadamente a palma das mãos.

Muitos neurocientistas e divulgadores das novas ciências do cérebro insistem em truques que podem nos fazer parar de antecipar sentidos e franquear zonas de suspensão e descontinuidade em nosso cotidiano. Aparentemente isso preserva o funcionamento cerebral e talvez previna certas formas de demência. Por exemplo, faça um novo caminho para o trabalho ou para a casa, escove os dentes com a mão esquerda (se for destro), varie a posição na mesa para almoçar ou jantar. Isso literalmente muda o ângulo que você vê as coisas. A variação de estímulos estéticos segue a mesma direção: crie uma lista inusitada de músicas, tipo canções folclóricas da Malásia. Há exercícios para surpreender-se, por exemplo, peça para o garçom escolher seu prato. Finalmente, há as dicas para recuperar certas conexões entre cognição e psicomotricidade, como, por exemplo, escrever uma carta para alguém usando caneta e papel ou criar um concurso de mentiras no próximo encontro de amigos. Todas essas recomendações tentam, de uma forma ou de outra, recuperar sua capacidade de se fazer presente, atento e receptivo para diferenças. De fato, essa é uma atitude importante para poder escutar os outros.

33 | Sete, trinta e oito, cinquenta e cinco (7-38-55)

Na convocação para a Copa do Mundo de 2018, o técnico Tite justificou ter chamado o jogador do Grêmio de Porto Alegre, Pedro Geromel com o seguinte argumento: "Tecnicamente ele tem sido consistente, mas há fatores difíceis de explicar, coisas subjetivas que só quem está no dia a dia percebe. O olho no olho, as relações, a conduta, ele vai para a reserva e mantém a postura, a linguagem corporal".

O fator decisivo para o zagueiro ter sido convocado foi, portanto, o que seu corpo "contou" para a comissão técnica: "Sou bom de relacionamento, estou junto, contem comigo".

Sim, falamos com o corpo. Sim, escutamos o que nosso corpo fala. Se você quiser ser convocado para a seleção dos seus sonhos – um emprego, uma promoção, uma viagem com os amigos – tem que ter consciência de que sua expressão vai muito além das palavras: gestos, atitudes, posturas, olhares. Sua atitude de escuta, não só de fala.

Na década de 1960, o cientista e psicólogo armênio Albert Mehrabian conduziu uma série de pesquisas que resultou na teoria conhecida como 7-38-55. Segundo essa teoria, quando comunicamos nossas emoções, 55% são transmitidos por meio da nossa linguagem corporal,

38% pela nossa voz e apenas 7% vêm do conteúdo da mensagem, palavras e seus significados. O melhor jeito de compreendermos essas três dimensões é lembrarmos de duas passagens com as nossas mães.

Cena um: Comunicação verbal: musicalidade das palavras.

Você, criança, brincando no quarto e sua mãe te chamando lá longe. Seu nome é sempre o mesmo, mas pelo tom de voz dela você já sabia se era coisa boa ou não.

Cena dois: Comunicação corporal: a face.

Você, criança, brincando no quarto. Sua mãe surge na porta. Sem precisar dizer uma única palavra, você já sabe se ela tinha feito um bolo ou acabado de descobrir que você tinha quebrado o vaso chinês.

Teoria (7-38-55)

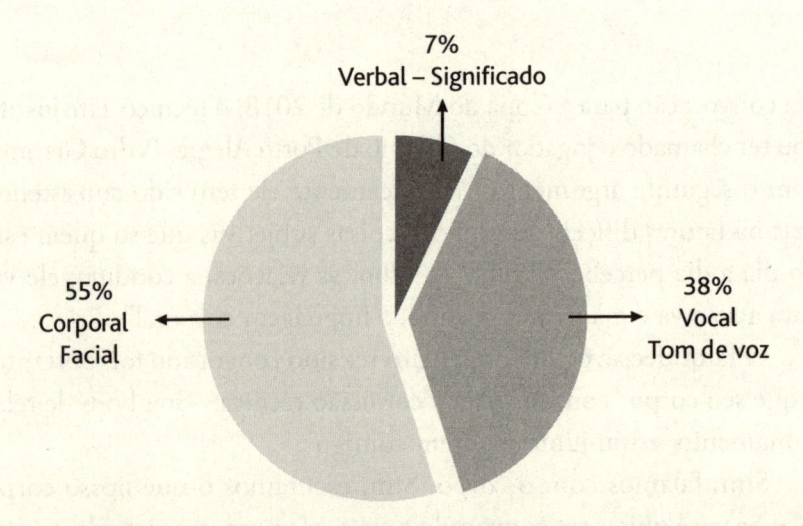

7%
Verbal – Significado

55%
Corporal
Facial

38%
Vocal
Tom de voz

Segundo Mehrabian, em uma comunicação eficaz e significativa sobre as nossas emoções, essas três partes da mensagem precisam ser "congruentes", caso contrário cria-se um ruído que pode confundir o receptor e levá-lo a interpretações errôneas sobre o que realmente está sendo comunicado. Exemplo:

Cena três: Desentendimento no trabalho.

Verbal: "Por mim já está tudo esclarecido. Não tenho nada contra você".

Vocal: A voz é mais grave, mais baixa e controlada.

Corporal: Cabeça baixa, ombros fechados, braços cruzados, testa franzida.

Como entender o que realmente se passa com nosso interlocutor se a voz e a gestualidade de seu corpo parecem contradizer sua fala verbal? Acreditamos que o aprendizado de *como escutar os outros,* passa fundamentalmente por aumentar a credibilidade do que estamos sentindo e hospedarmos a sensação de esquisitice que nos chega quando percebemos alguma dissonância entre os aspectos verbal, vocal e corporal da mensagem. Mas, sejamos sinceros, nem sempre é isso que fazemos. Muitas vezes passamos por cima dessas sensações que nos incomodam por acharmos (ou preferirmos achar?) que "foi impressão minha" e, no fundo, escolhemos nos fiar em um aspecto em detrimento do outro, geralmente em função do que estamos querendo escutar.

Entre confiar no dito ou no dizer, em geral, nos ensurdecemos ao desconcerto das outras vozes que nos chegam. Ignoramos que *escutar se faz com todos os sentidos e não apenas com a nossa audição*. Podemos, por exemplo, comer um prato de comida e aquilo não nos dizer nada. Por outro lado, há pratos que contam histórias. Um tempero que lembre a casa da avó, um cheiro que nos remeta às palavras do pai no almoço de domingo. Assim como podemos escutar com o olfato, ou com o paladar, nosso olhar nos ajuda a ler o que o outro está tentando nos dizer.

Mas atenção, quando nos encontramos com inconsistências, incoerências ou contradições, tendemos a achar que a comunicação precisa melhorar de tal forma que a mensagem ou a demanda emerge com mais clareza. Ora, na maior parte do tempo essa é a exceção e não a regra. Ou seja, na maior parte do tempo escutar o outro é escutar essas dissonâncias e incongruências como a própria essência da mensagem, como diria Clarice Lispector: "Porque eu fazia do amor um cálculo matemático errado: pensava que, somando as compreensões eu amava. Não sabia que, somando as incompreensões, é que se ama verdadeiramente".[39]

Todo palhaço já passou por alguma situação em que percebe que a plateia está dizendo sim, mas gritando silenciosamente não. Pedimos, por exemplo, para o público fazer algum movimento rápido com os braços. Eles até fazem, mas com tônus zero, vozes fracas, movimentos vagarosos. A pior coisa que se pode fazer nesses casos é fingir que está tudo bem. Seguir adiante significa carregar a falta de conexão como um fardo para ambos os lados. A melhor saída para o palhaço nessas situações é expor o que está sentindo: "Gente... tô até com vergonha... tenho a impressão de que foi uma péssima proposta. Um senhor ali do fundo em vez de levantar o braço, levantou só o mindinho". Ações assim costumam nos reconectar: "Que bom, o palhaço está percebendo o que estamos sentindo".

Também quando as intervenções psicanalíticas são seguidas por um "eu sabia que você ia dizer isso" sentimos que estamos errando no tempo, na forma, e que não vai adiantar repetir aquilo sem modificar nosso dizer. É preciso acolher o fracasso de escuta, da mesma forma que o sucesso. Na verdade, com o tempo aprendemos que o senhor da conversa é a própria continuidade, e que, portanto, não devemos levar muito a sério elogios e críticas, principalmente se não se confirmam na sucessão dos acontecimentos. Isso acontece porque a representação que fazemos da situação é muito menos importante e eficaz no processo transformativo do que a realidade do encontro e dos acontecimentos. Pacientes inertes como uma pedra podem saudar progressos no tratamento, assim como analisantes que se declaram paralisados podem estar em meio a uma tempestade de mudanças não percebidas. O truque, nesse caso, consiste em dar razão e legitimidade à posição terceira no interior da comunicação. A posição terceira ou simbólica é aquela palavra, gesto ou voz que produz um sentido que ultrapassa as opiniões e as representações dos envolvidos no encontro. Mais ou menos como

---

39. LISPECTOR, Clarice. *Felicidade clandestina*. Rio de Janeiro: Rocco, 1998.

em uma partida de futebol, em que os comentaristas podem achar uma coisa ou outra, mas quem decide é a bola na rede.

Na relação palhaço-plateia, a melhor forma de conferir o que foi entendido quando a voz do outro nos diz uma coisa, no entanto o corpo outra, é sermos o mais sinceros possível. Sinceridade é diferente de franqueza. Franqueza leva em consideração o que você precisa dizer. E ponto-final. A sinceridade considera que há alguém do outro lado e que há, portanto, de se cuidar das palavras. Isso não tem nada a ver com "dourar a pílula," fazer rodeios". Tem a ver com o desejo de falar e ser escutado, com saber diferenciar crítica de ofensa. Tem a ver com abrir mão da violência e não do que tem que ser dito.[40] *Sinceridade, portanto, não é sincericídio* e a prática da franqueza deve ponderar o quanto de verdade realmente importa para a situação, e qual é o limite em que o franco torna-se um cínico.

---

[40]. As definições sobre sinceridade e franqueza são da Chris, minha esposa. Abra uma garrafa de vinho e sente-se com ela pra filosofar sobre esses temas e perceberá que a noite vai passar voando e que uma garrafa será pouco.

34 | "Brinco, logo, escuto": a escuta lúdica

Outubro de 1962. Crise dos mísseis. Kennedy reúne-se com o alto escalão de seu governo e a cúpula militar americana está diante de um impasse. Os Estados Unidos haviam dado um ultimato à União Soviética para que retirassem suas ogivas nucleares instaladas secretamente em Cuba. O aviso era claro: ou a URSS retirava os mísseis do país caribenho, ou os Estados Unidos bombardeariam Cuba, Moscou e o resto do mundo seria arrastado para o outro mundo.

Nikita Khrushchev, líder soviético, porém, estava irredutível: "*Hey baby*, mamar na vaca você não quer. Se vocês instalam suas bombas aqui do lado, na Turquia, por que não posso instalar as minhas aí perto de vocês? Eu tiro os mísseis se vocês retirarem os seus...".[41]

Passavam-se já treze dias desde o início da crise. O mundo todo na trágica expectativa de uma guerra nuclear. O alto comando militar pressionava fortemente o presidente americano para que ele desse logo a ordem de ataque: "Antes que eles o façam". Consta que, sem dizer muitas palavras, John Fitzgerald Kennedy retirou-se da sala presidencial retornando a ela duas horas mais tarde, com a esperadíssima solução na cabeça. Ligou então para o líder soviético e disse algo assim: "Tá bom, Khrushchev, se vocês retirarem os mísseis de Cuba, a gente também tira os nossos da Turquia. Mas não pode contar isso para ninguém, por enquanto, tá? É segredo, senão o pessoal aqui vai cair de pau em cima de mim...".

Proposta feita, proposta aceita. O mundo não acabou e aqui estamos nós para contar a história. Uma pergunta: O que você acha que John Kennedy fez nas duas horas em que se ausentou da sala presidencial? Estudou diplomacia? Traçou um perfil psicológico do líder soviético para saber o quanto a situação estava ruça? Pesquisou como seus antecessores resolveram dificuldades semelhantes?

Nada disso. John Kennedy foi nadar.

Ele poderia ter ido jogar golfe, gamão, passear em um museu ou andar a esmo pela cidade. O importante para nossos propósitos é que ele teve que sair da situação para regressar a ela com uma nova e "solucionática" perspectiva. Há uma prática que nos acompanha desde criança e que nos ensina a recriar o mundo e seus problemas de forma simulada, ainda que séria e atenta, de tal forma que nos prepara para vivê-lo melhor, essa prática é a brincadeira e a atitude necessária para isso é a atitude lúdica.

---

41. Uma versão mais fiel deste diálogo pode ser encontrada no filme: *13 Dias que abalaram o mundo*. Roger Donaldson (dir.), 2000.

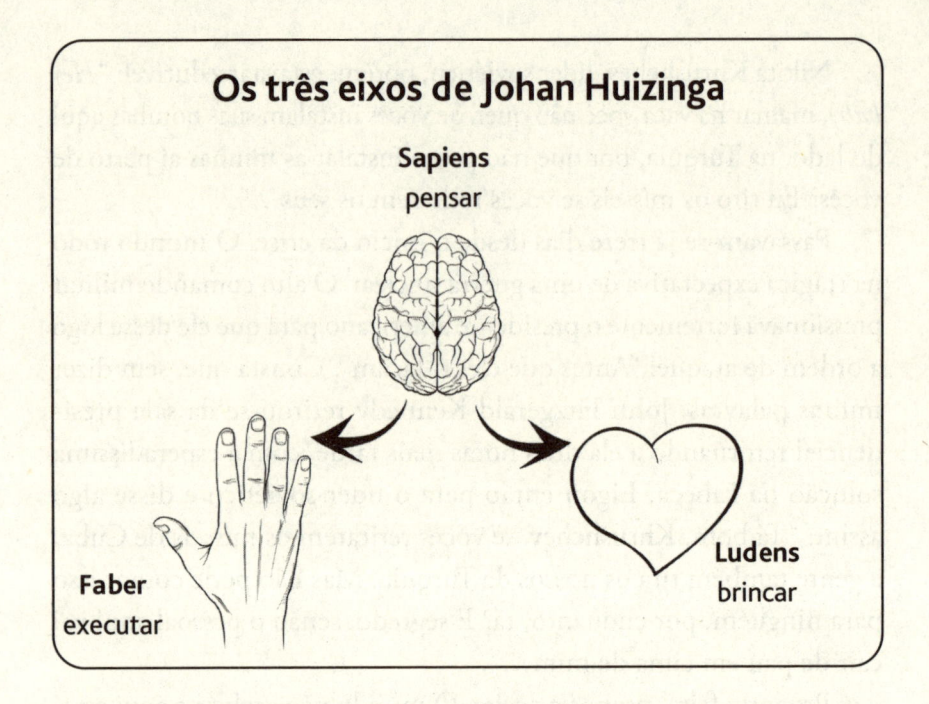

> **Os três eixos de Johan Huizinga**
>
> **Sapiens**
> pensar
>
> **Faber**
> executar
>
> **Ludens**
> brincar

Em sua célebre obra *Homos Ludens*,[43] que reflete sobre o papel do elemento lúdico nas sociedades, Johan Huizinga, historiador e linguista holandês, afirma que nós somos regidos por três eixos essenciais.

1. Eixo *Sapiens*: pensar, representar, planejar.
2. Eixo *Faber*: executar, trabalhar, ocupar-se.
3. Eixo *Ludens*: sentir, brincar, criar.

No eixo *sapiens*, representado pelo nosso cérebro, reside o intelecto, a capacidade de pensar, de fazer estratégias, de refletir. No eixo *faber*,

---

42. Sempre tive dificuldade pra ler *Homo Ludens*. Embora o conteúdo seja essencial para quem trabalha com jogos e brincadeiras, toda vez que eu pego para ler acabo desistindo. Acho chato e complicado. Quem me explicou com clareza os três eixos e seus desdobramentos foi minha amiga e palhaça Marina Campos, da Pop (Palhaços a Serviços das Pessoas). Disponível em: <https://www.pop123.com.br/pop-palhacos-a--servico-das-pessoas>. Acesso em: 02/05/2019.

43. HUIZINGA, Johan. *Homo Ludens*. São Paulo: Perspectiva, 2017.

simbolizado por nossas mãos, está a capacidade de ação, de colocar em prática, de agir concreta e coordenadamente. O eixo *ludens*, figurado por nosso coração, é onde reside a capacidade de brincar, os sentimentos estéticos e as emoções colaborativas e antagonistas. Para Huizinga, esses três eixos são integrados, mas infelizmente nós não fomos educados para acreditar que estejam em pé de igualdade. Nossa ação *útil* no mundo é frequentemente creditada apenas às nossas capacidades de pensar e de executar, como se fôssemos apenas cabeças intelectuais e mãos executivas.

Na frente da maioria dos departamentos das empresas, existe a placa invisível, mas que todos enxergam bem: *Deixe seus problemas pessoais do lado de fora.* Como se a faculdade de sentir e se emocionar fosse coisa de gente fraca. Como se houvesse em nossas costas uma chave *profissional-pessoal*, ou como se no coração existisse um botão *on/off*. Poucos dias antes de escrevermos este capítulo, fizemos um treinamento com a equipe de vendas de uma grande empresa. No final da atividade, uma das pessoas da área se emocionou e no mesmo instante alguns fizeram piadas com isso. A ideia de que as emoções são risíveis e ridículas está incutida em nossa sociedade e no nosso meio de trabalho. Isso se liga ao fato de que certas emoções nos fazem sentir vulneráveis e o risco de essa vulnerabilidade se espalhar provoca uma reação defensiva e repressiva por parte do grupo.

Ludens nos conduz à ludicidade que é nossa capacidade inata de brincar, de jogar e que está sempre viva em nossa criança interior. Conectar-se com a ludicidade é permitir que nossa criança, escondida lá dentro, apareça aqui fora. A palavra "criança", por sua vez, deriva de "criar". Lembre-se de quando você era pequeno ou pequena. Você não criava e recriava o mundo ao seu redor o tempo todo? Meu quarto poucas vezes foi o *meu quarto*. Ele era um planeta desconhecido, o deserto do Saara, um oceano revolto, ou um campo de batalha para o qual minha espada era o que eu tivesse à mão: uma régua, uma caneta, um pedaço de papel enrolado. Quem já não fez coisas assim?

Se pensarmos que o maior criador de universo é Deus (e para os ateus, isso vale como metáfora), isso significa que quando silenciamos a nossa criança, estamos silenciando também nossa capacidade de criar o mundo que queremos.[44] Uma vez aceito isso, devemos nos resignar a viver no mundo que os outros criam para a gente, com suas regras que já vêm prontas. Nosso grande desafio é promovermos o encontro do adulto que somos com a criança que acreditamos ter sido, mas que continua viva em algum lugar de nós. Fazer o concílio da experiência com a inocência, essas duas sabedorias complementares, requer alternância de focos e capacidade de sair e entrar nas situações. Assim, quando o adulto titubear, o pequeno lhe puxar para a frente: "Vai!". E quando a criança interna estiver muito afoita ou imprudente, a experiência do adulto lhe dizer: "Espera... calma...".

Ludens originou a palavra *ludere,* que significa ilusão. Costumamos olhar para as ilusões como algo nocivo, que nos tira da realidade, coisa de quem não tem os pés no chão. Mas o que faz o mágico com suas ilusões senão nos mostrar outra realidade que estava ali, bem na nossa frente e que não conseguíamos ver? *Ludere*, portanto, nos remete a enxergar novas possibilidades ou oportunidades. É no eixo *Ludens* que reside nosso potencial inovador! A mesma coisa acontece com a palavra "diversão", prima irmã da ludicidade. Diversão deriva de *Di Vertere*, que significa voltar-se para o outro lado. Mudar, portanto, o ponto de vista.

Quando John Kennedy, no auge da mais grave crise política mundial, retirou-se para nadar, ele se conectou com seu eixo *ludens* e permitiu que a *escuta lúdica* brotasse do silêncio que se faz quando damos uma pausa para o cérebro. Só então ele conseguiu escutar a voz das novas possibilidades que estavam ali, imersas no ruído dos seus pensamentos.

Embora desde sempre brincar faça parte do meu dia a dia, eu nunca tinha pensado sobre escuta lúdica. Foi meu pai quem me apresentou a ela, mas ele nunca soube disso. Veja só no capítulo a seguir.

---

44. Se você fizer um curso de palhaço, certamente seu mestre lhe falará algo sobre o reencontro com sua criança, com sua perplexidade perdida e com sua capacidade de criar e recriar o mundo. Todos meus mestres, de alguma forma, me falaram sobre isso. No filme *Eu maior*, o palhaço carioca Marcio Libar também fala lindamente sobre a nossa criança. Disponível em: <https://youtu.be/13-6Bqfriak>.

35 | O relógio do pai

Na parede da casa dos meus pais tem um relógio antigo, que badala a cada hora cheia. Foi esse relógio que me alertou que estava acontecendo alguma coisa com meu pai. O "seo" Nelson, como as pessoas o chamavam, era um homem simples, afetuoso, muito bem-humorado e de muita sabedoria. Estava sempre rodeado de gente, tomando seu uisquinho, jogando conversa fora, contando causos. Meus amigos o adoravam, e não raramente iam até a casa dele para papear ou pedir conselhos.

Certo dia, ele já estava com seus 85, 86 anos, nós estávamos na sala papeando e, quando o relógio da parede soou, ele disse: "Ó!... esse relógio quem me deu foi a minha mãe!". Conversamos brevemente sobre o relógio e nosso papo seguiu o seu curso. Mais tarde, já estávamos jantando, ele ouviu o badalar do relógio e novamente exclamou: "Ó!... esse relógio quem me deu foi a minha mãe!". Percebi que ele estava repetindo, mas não dei muita bola. Mas desse dia em diante ele passou a esquecer e a repetir coisas com mais frequência. Provavelmente aquilo devia estar acontecendo havia algum tempo, mas eu e minha mãe não havíamos percebido. Ficamos preocupados. Minha mãe o levou ao médico algumas vezes, mas o processo foi se agravando a ponto de o dia inteiro, a cada badalada do relógio, ele falar a mesma frase: "Ó!... esse relógio quem me deu foi a minha mãe!".

A nova realidade me desestruturou. Eu, acostumado com aquele pai tão sábio, tão lúcido, fiquei sem saber como agir. "Pai, você já falou isso agora há pouco, lembra?" "Pai, presta atenção, você já me contou isso." Não foram poucas as vezes que eu me flagrei irritado. Nunca vou esquecer o dia em que recebemos uma visita e, quando ele começou a repetir "a frase do relógio", eu fiquei com vergonha. "Desculpe, viu, meu pai não está muito bem", disse em voz baixa.

Essa realidade doída começou a mudar no dia em que, buscando um jeito de não sofrer com a repetição, me propus um desafio, como uma brincadeira comigo mesmo: cada vez que o meu pai falasse aquela frase, eu teria que fazer uma nova pergunta sobre o relógio.

Essa ideia, aparentemente simples, mudou tudo. Ela me fez perceber como eu estava sendo estúpido. Meu pai nunca repetiu aquela frase. Ele sempre a falava pela primeira vez. Eu que não tinha maturidade e sabedoria para fazer o mesmo e também escutar pela primeira vez. Ter deslocado aquela situação do campo do problema para o campo do jogo possibilitou que eu acessasse uma escuta lúdica que me fez escutar que havia outra realidade oculta dentro daquela aparente, que no que eu considerava um "problema" existia um convite. Uma grande oportunidade de conexão com meu pai. A escuta lúdica me habilitou a ser empático, nos colocou no mesmo "lugar" e passei a ser companheiro do meu pai naquele estado. A partir desse dia e até o final da vida dele passamos a ter incríveis novas conversas sobre o velho relógio:

"Ó!... esse relógio quem me deu foi a minha mãe."
"E de que madeira será que ele é feito, pai?"
"Acho que é peroba, vamos ver..."

"Ó!... esse relógio, quem me deu foi a minha mãe."
"E como ele veio parar na família, pai?"

"Ah, meu pai ganhou do irmão dele."

"Ó!… esse relógio, quem me deu foi a minha mãe."
"Onde será que ele foi construído?" "Onde será que se arranja peça para ele?" "Será que ele não fica melhor naquela parede?"

36 | Escutando pela primeira vez

Escutei minha primeira paciente ainda no quarto ano do curso de Psicologia. Um momento marcante para todo clínico. A primeira e só haverá uma "primeira" vez em que alguém se disporá a falar de si, colocando-se em nossas mãos e pedindo ajuda para o conjunto complexo e enovelado que costuma ser uma vida. Especialmente no sofrimento pessoas dizem coisas difíceis de ouvir. É nesse instante que você deixa de ser aluno e descobre que está na mais completa solidão diante da tarefa. Na clínica não tem *replay*, *slow motion* ou parada técnica, tudo acontece em tempo real.

Estava diante de uma garbosa senhora, altiva e bem penteada, com uma pasta debaixo do braço, olhando fixamente para mim. E aquilo que os iniciantes mais temem aconteceu comigo: silêncio. Recorri ao básico: "O que te traz aqui?". Recebi de volta o inusual: "Eles ali da frente me disseram para vir aqui". Aprendemos que indicações malfeitas podem frequentemente prejudicar o início do tratamento porque acontecem, como se diz, fora da transferência. O médico sugere ou a escola reclama ou o sistema judiciário impõe fazer psicoterapia e a pessoa obedece, mas isso não está, por assim dizer, no tempo certo no qual ela gostaria de falar de si, muitas vezes a pessoa nem sente que as dificuldades ou limitações enfrentadas têm alguma relação de implicação ou de responsabilidade com ela mesma. Por isso, a pessoa se apresenta como uma espécie de funcionária ou embaixadora de uma demanda que não lhe pertence. Cumpre ordens e se comporta como o esperado de um paciente: fazer exames, tomar remédios, evitar gorduras. A estrutura da situação parecia feita por algo assim e a posição da pessoa era nitidamente de confronto ou de defesa.

Pergunto à senhora exatamente quem a havia mandado para o consultório e se existia algum problema ao qual eu poderia ajudar. Aprendemos também que, diante do inesperado, é preciso ganhar tempo e que a forma mais simples de fazer isso é pedir esclarecimentos, aumentar o nível de detalhes. Essa é a versão simples do "fale-me mais sobre isso".

Mas a senhora não estava para brincadeira. Diz então de forma quase exaltada: "O problema, ora, o problema é essa dor de dente". Por um instante atravessou-me um laivo de alívio. Devia ter sido um engano. O prédio da odontologia ficava bem em frente ao nosso, de tal maneira que ela entrou na porta errada e aqui estávamos: "dor de dente". Percebendo meu espanto com a resposta, ela prosseguiu:

"É dor de dente, nunca ouviu falar? Estou com essa porcaria aqui há sete anos que não passa e ninguém me esclarece nada."

"Então... a senhora foi ao dentista?"

"Menino, quem você acha que me mandou para cá? Já não falei?"

O golpe era baixo, duro e entrou direto no narcisismo do jovem psicólogo cujo segundo maior fantasma era deixar o paciente perceber sua inexperiência e que por isso não sabia o que estava fazendo. A palavra "menino" ressoava sem parar na minha orelha, perfurando o martelo até a bigorna, passando pelo ouvido médio, indo das áreas neurologicamente conexas, até o fundo vazio de minha alma. De tal maneira que não conseguia escutar mais nada pelos próximos cinco minutos. Minha sorte é que ela estava ocupando o terreno criado pela minha desorientação, a essa altura visível e risível. Recuperando-me aos poucos, tentei voltar à carga:

"Conte-me como começou essa dor. De que tipo ela é? Vamos falar sobre isso."

"Rapaz, eu não vim aqui para escutar palestra. Já te disse que estou com esta dor de dente há sete anos e que ninguém dá jeito nisso. Eu vou para cá, eu vou para lá e a dor continua. Que palestra vai adiantar para isso?"

No *corner* de novo. Mas não deixei de perceber que em poucos minutos havia evoluído de "menino" para "rapaz". Também notei que sua animosidade havia diminuído, talvez por piedade, talvez por perceber que, mesmo sob solavancos, eu ainda continuava a me interessar pelo caso. Resolvi aceitar que ela estava apenas obedecendo ordens e que alguém da odontologia a havia mandado para o consultório. Em vez de insistir em uma abordagem direta, pedindo para ela falar de si ou sobre seu dente, mudei a perspectiva para sua relação com a hierarquia, esboçando sair da defensiva para o ataque:

"Quem é esse doutor que te mandou aqui?"

Desta vez a fala veio. Detalhes e minúcias sobre como foi mal atendida primeiro, depois bem atendida, depois a volta, as radiografias, as mudanças de lugar. Sobrevivi assim à primeira sessão.

Discutindo o caso em supervisão veio a ideia de utilizar algumas técnicas de investigação diagnóstica, que poderiam assim organizar melhor a situação. Diante do caos, crie listas e ordene procedimentos: uma receita cujo potencial de ensurdecimento é elevado. Planejamos então começar com um teste específico, o *Thematic Apperception Test* (TAT), no qual a pessoa olha alguns desenhos relativamente ambíguos e é convidada a contar uma história a partir do estímulo. A história que a pessoa inventa permite que se leia algumas coisas sobre como ela fala de si, sugerindo modalidades de conflito e tipos de defesa que podem ter alguma utilidade diagnóstica. Desconfio de que minha supervisora havia pensado nessa ideia percebendo meu desespero de voar às cegas com artilharia antiaérea pesada do outro lado. O teste era uma tarefa estruturada, que devia ser cumprida, com início, meio e fim. Uma boa forma de começarmos de novo a travessia infinita dos cinquenta minutos. A segunda vez é sempre um alívio, porque você pode começar por:

"E então, como tem passado?"

Confiar que a tensão representada pelo desconhecido, o estranhamento e a imprevisibilidade do primeiro encontro seria diminuída. Mas...

"Como sempre... doendo. Qual a parte de 'está doendo' você ainda não entendeu? Quer que mostre?" Abrindo levemente a boca e insinuando que poderia colocar o dedão na região exata para ter acesso à "coisa ela mesma".

Tiro então o tal teste e começo a explicar que desta vez eu tinha uma ideia de como poderia entender melhor o que estava se passando. Isso mostrava que eu tinha me preocupado com ela, que eu me lembrava do encontro passado e estava metodicamente preparado. Como adicional eu deslocava a expectativa para um objeto mágico, que poderia ajudar a enfrentar o problema. Perguntei, em renovada confiança que, se ela não se importasse, gostaria de apresentar algumas pranchas, com imagens, e pedia que ela me contasse, quando fui interrompido pelo mesmo tom da primeira vez.

"Já te disse que não vim aqui para ouvir palestra e agora você quer que eu faça palestra? Isso não vai dar certo, menino. Você quer teste, exame e coisa? Está aqui ó!" E joga o envelope que estava embaixo do braço dela desde a primeira sessão, ao qual eu não havia prestado a menor atenção.

Rebaixado a "menino" de novo. Mais uma vez nas cordas, preso no "fio dental" da história. Porém agora eu tinha aprendido algo. Ela queria levar a conversa para exames, médicos e dentistas. Eu tinha um programa na cabeça que era fazê-la *falar de si*. Insistindo no meu planejamento, eu simplesmente estava deixando de escutá-la, nos termos que ela me propunha e conforme a possibilidade que ela tinha de falar. Havia cometido o erro básico de não levar a sério a estrutura da situação, aceitando seu ponto de vista antes de qualquer coisa. Não tinha me despido o suficiente de minha identificação com "jovem-aluno-solícito-de-psicologia-tomado-por-boas-intenções" e louco para obedecer ao que a instituição esperava de mim. Essa verdade insofismável estava sendo dita a céu aberto, apesar de minha surdez abissal: "menino", "rapaz", "menino" de novo. Por isso coloquei meu rabo psicanalítico entre as pernas da castração e comecei a mexer na vasta papelada, ao que fui premiado imediatamente com um largo sorriso.

"Aqui diz que a senhora procurou tal lugar, em tal época, daí fizeram isso e aquilo. Não deu certo, daí tiveram que extrair o dente."

Ela assentia com a cabeça. Sua atitude corporal se desarmou. Sentia que estava no caminho certo, ainda que me visse cada vez mais como um impostor odontológico. Foi então que eu me escutei, sendo afetado pela coisa da qual ela estava sendo afetada. Eu tinha acabado de dizer que eles extraíram o dente, há uns três anos. Portanto, como ela podia ter dor de dente se não tinha dente? No exato e preciso lugar que afinal tentara me mostrar, e eu, pudicamente, evitei olhar onde havia um "não dente", um "vazio", uma substância carnal que simples e fisiologicamente não podia doer. Um sorriso interior, típico da arte cavalheiresca do pescador de almas se insinuou mansinho... mas doía assim mesmo.

"Quer dizer então que a senhora tem dor de dente onde não tem dente?"

Por essa ela não esperava. Mas pela primeira vez eu assumia a estrutura adversativa que ela me propunha, devolvendo, com um grão de humor a mais, a interpelação que ela vinha imprimindo no jogo. Reagiu.

"É um jeito de dizer... Você entendeu, né?"

"Sei... um jeito de dizer... tipo palestra?"

Aqui o limite era tênue. Ela podia simplesmente se ofender, escutando o que eu dizia, sobre o que ela disse, como um desejo de contrariá-la e dar o troco. O próximo passo era decidir se entraríamos na cooperação agonística ou no agonismo cooperativo. Eu tinha razão e ela não.

Saber vencer é mais importante do que saber ganhar na arte da escuta. Um sorriso a mais e a boa vitória se transformará em humilhação vingativa do rival. Por outro lado, vitórias são o melhor jeito de provar que o que está em disputa não são as vitórias de um ou de outro, mas o processo de ambos. O erro complementar reside na piedade, que desqualificará a derrota do oponente, tornando seus limites a razão de um fracasso.

Sempre que possível prefira a compaixão à piedade. Compaixão remete a dividir ou compartilhar a paixão com o outro, tomando-a como função de vulnerabilidade comum. A piedade sempre será uma versão da dialética do senhor e do escravo. A compaixão se distingue da pena e da piedade porque se estende a todos os envolvidos na situação com imparcialidade e desejo genuíno de contribuir para que aconteça o melhor para todos. A piedade é um afeto traiçoeiro, pois frequentemente nos faz produzir com o outro uma pena de nós mesmos ou, ainda que furtivamente, uma satisfação por não estarmos realmente no lugar do outro. Para se apresentar como um afeto realmente transformador, e não apenas reprodutor de sofrimento – como, por exemplo, a maior parte dos afetos ligados à culpa –, é preciso aspirar que o outro genuinamente se livre da condição na qual ele se encontra, ou seja, passar da efusão e da emoção para a comoção e desta para a ação. A compaixão interessa à escuta na medida em que mobiliza responsabilidade por fazer algo, ainda que pequeno, para que no nosso encontro, e mesmo que este dure apenas um instante, aconteça.

A alternativa B, que ninguém consegue explicar miraculosamente como acontece, é que entramos em uma nova posição. Hospitaleira. Nem aquela senhora nem eu tínhamos razão, nem controle discursivo da situação. Brincar poderia ser mais interessante do que saber quem manda ou sabe mais. A partir de então era o dente que não havia, e que doía assim mesmo, que dava as cartas. Era uma parte dela, que agora compartilhava comigo. Contudo, uma parte que nem ela, nem eu enquanto seres de razão e entendimento conseguíamos apreender. Era no fundo um "vazio" de sentido, de entendimento e materialmente falando, um vazio corporal (de dente, neste caso) que havia sido reconhecido. Mesmo assim, o tal dente tornou-se hóspede e hospedeiro em nossa conversa. Passamos de controle para cuidado. Tínhamos um enigma em comum. Tínhamos um instante de intimidade e estranhamento. Saímos da primeira situação de escuta, na qual a minha tentativa de simpatia se chocava com a antipatia reativa dela, para um momento de escuta empática.

Fez então um daqueles silêncios decisivos. Ela entendeu, em ato, como o jeito de dizer muda tudo, o que por outro lado ela e todos nós já sabemos. Se antes estávamos usando a linguagem para descrever coisas e referenciar palavras com seus objetos no mundo, agora passamos para ela e sua relação com esse vazio. Apesar da absoluta seriedade do assunto e da dor real que a ele se ligava, um pequeno toque de humor foi necessário para que a brincadeira acontecesse.

A partir de então as coisas se organizaram porque ela entendeu, "na prática", o que estávamos fazendo ali e o que significava ser escutada. Não tive que apresentar nenhum manual para bom uso de psicoterapia. As questões sobre pagamento, frequência e procedimentos institucionais, usualmente conhecidas pelo nome técnico de "contrato", tornaram-se subordinadas ao que havíamos produzido em termos da lógica do encontro. Aqui está a importância decisiva da primeira escuta. Se isso aconteceu uma vez entre nós, por que não poderia acontecer uma segunda vez? Ou uma terceira? E assim por diante.

Depois disso as coisas começaram a se esclarecer. A extração do dente tinha vindo junto com uma série de perdas que ela havia atravessado. O marido que a deixou, o filho que morreu. Não estavam mais aí, porém continuavam a doer. Sozinha, ela procura uma igreja e o pastor lhe diz que a fé vai remover a dor, mas ela ainda não acreditou o bastante. Eram palestras que ajudaram muito. Foi só aí que entendi a concorrência inicial entre psicologia e religiosidade, como se ela estivesse se apresentando: "Palestra eu faço com meu pastor! E vamos nos acertar desde início, não é falta de fé". Também percebi que os exames e tudo mais tornaram-se o meio fundamental pelo qual ela conhecia novas pessoas e recriava para si uma nova vida social. Abordava gente no ponto do ônibus contando seu périplo, suas dificuldades e como os médicos não sabiam o que estava acontecendo. *O dente que não estava lá* tinha virado o ponto central de uma importante narrativa, por meio da qual seu sofrimento era reconhecido, mas também por meio da qual seu caso adquiria um caráter de enigma e de importância. No fundo, o sofrimento dela era uma forma de se colocar e dizer algo para os outros, algo que era meio difícil de escutar.

O tema é clássico na história da psicanálise: dores que são uma espécie de memória simbólica de passagens da vida de alguém. Depois de alguns meses falando sobre isso, ela fez uma declaração que era mais ou menos assim: "Sabe que a dor diminuiu com essa história de palestra? Diminuiu, mas não passou", corrigiu-se logo em seguida. Como que a piscar em cumplicidade comigo. Escutamos o silêncio, onde ressoava a palavra impronunciada, sobre o vazio: "menino!".

37 | Os quatro tempos da escuta lúdica

A empatia pode partir de vários afetos, como a compaixão ou a piedade, o temor ou a admiração, a identificação ou a simpatia. Mas ela só se mostra como "empatia" de fato quando deixa de ser uma disposição favorável a viajar junto e se realiza em uma jornada de palavras. Escutar como se fosse a primeira vez, estar presente e hospitaleiro ou deixar a função poética trabalhar também são condições que favorecem para que a escuta empática se combine com a escuta lúdica, mas isso só acontece quando de fato acontece. Jogo é jogo, treino é treino. As situações de escuta podem ser decompostas em quatro tempos, conforme a seguir.

1. Abertura

As primeiras comunicações de contato, cuidado ou contrato, o circuito das perguntas-respostas, os desenlaces ou cortes e as repetições. A arte da escuta é difícil de aprender porque, na maior parte do tempo, não prestamos muita atenção à linguagem. Achamos que o que importa é que o outro nos entenda. Preferimos substituir a atenção nas palavras efetivamente ditas e pronunciadas pelas antecipações que fazemos sobre pessoas, seus tipos e nossos preconceitos. Pessoas desse tipo só podem falar X, só podemos esperar coisas X de alguém que é Y. O mais difícil no escutar é ater-se realmente ao que foi dito, e não apenas ao que você já estava esperando ouvir.

Freud[45] insistia que o psicanalista deve prestar muita atenção às primeiras comunicações do paciente. A primeira vez que ele fala de um assunto, a primeira vez que ele fala na sessão, a primeira vez que ele exterioriza um determinado afeto ou modo de ser. A primeira vez que se escuta algo inaugura uma novidade que faz uma espécie de marca na história daquela relação. Uma relação rica e complexa é uma relação que tem muitos inícios e reinícios, na qual se consegue criar novas "primeiras vezes".

2. Perguntas e respostas

Por isso, a maior parte do tempo produtivo de uma boa conversa se dá em torno da troca de perguntas, da reformulação de um problema para uma forma melhor de apresentá-lo. É o que se pode chamar de trabalho de variação de perspectivas. Ver as coisas de perto, de muito perto. Depois ver as coisas de longe, de muito longe. Ver as coisas no tempo curto, depois no tempo longo, depois ainda no tempo longínquo da eternidade. Os filósofos antigos recomendavam duas práticas que nós esquecemos: observar as estrelas e manter uma pequena atividade manual, do tipo polir lentes (como o filósofo Espinoza fazia). A regulação da distância é um processo espontâneo que determina o ritmo da troca de turno, uma troca que fazemos de modo imperceptível quando alternamos a fala de um e a fala de outro. Aqui a tendência é de que quem fala mais tende a querer mais espaço de fala e quem fala menos, a recuar. É por isso que muitas sessões de análise acontecem com um quase silêncio do lado do psicanalista, mas a sensação de um diálogo

---

[45]. FREUD, Sigmund. "Recordar, repetir e elaborar". In: *Fundamentos da clínica*: obras incompletas de Sigmund Freud. Belo Horizonte: Autêntica, 2017.

fervoroso do lado do analisante. É que o analisante está perguntando e respondendo, falando e ouvindo, contracenando consigo mesmo. Uma ética do bem dizer, como a da psicanálise, pede que comecemos por nos retirar do lugar de parceiro imaginário do ciclo pergunta-resposta, e caminhemos para o lugar no qual nós ajudamos, em pontos estratégicos, a introduzir uma pequena diferença nesse diálogo interno, uma diferença que ao mesmo tempo ensina o analisante a escutar o outro, de uma outra maneira.

Olhar as estrelas tem a ver com mudar o nosso tamanho, perceber-se pequeno diante da imensidão cósmica. Polir lentes convida a perceber as pequenas variações que só podemos alcançar olhando as coisas de muito perto, entendendo que elas mudam de feição conforme a escala que aplicamos. Outro ponto importante na arte de formular e reformular as perguntas é nos permitir olhar as coisas de frente. Muitas vezes nos recusamos a olhar o outro de frente e nos dedicamos a excluí-lo de nosso mundo apenas e tão somente porque ele é o portador ou representante de notícias ruins. Isso significa olhar as coisas por trás, fugindo, temendo o lugar aonde elas podem nos levar. Por fim, fica claro que as boas perguntas são evitadas porque ficamos com medo da verdade, principalmente da verdade que nós já intuímos de alguma maneira. Por isso a arte das perguntas e respostas é uma espécie de jogo, uma atividade lúdica semelhante a brincar com fogo. Esporte para corajosos.

3. Repetição

O terceiro aspecto mais ou menos óbvio sobre a fala entre pessoas é que as palavras se *repetem*. Mas elas não se repetem para dizer pela primeira vez o que foi esquecido na segunda, ou seja, no início, elas se repetem *para lembrar* e *para esquecer*.

Considerando as infindáveis maneiras de dizer algo, com toda a poesia e a literatura que os humanos foram capazes de criar, com as variedades culturais e históricas, com as nuances linguísticas, teatrais e retóricas, sem falar nos momentos únicos de ver e perceber a si mesmo, ao outro e ao mundo, o fato mais exasperante sobre pessoas é que elas se repetem incrivelmente na forma de dizer e de escutar. Quanto mais repetição, menor o tamanho do mundo de alguém e maior o volume proporcional de seu ego. Quando a repetição é percebida pelos interlocutores, dizemos que a conversa "não sai do lugar". Nesse momento, é muito comum encontrar uma explicação: "o outro não me escuta". Por isso continuo a repetir, às vezes uma oitava acima, depois duas oitavas e finalmente gritando exasperadamente, simplesmente para que ele escute o que dizemos, seria a solução mais simples e óbvia para tudo. O que não percebemos é que, ao agir assim, nós mesmos estamos praticando a repetição que queremos que o outro interrompa. É como alguém fazendo caretas diante de um espelho e achando chato o que vê pela frente.

Considere então que, antes de aumentar o volume, é possível agir sobre a estrutura da repetição que está em curso. Às vezes isso pode ser feito pela intromissão de um silêncio inesperado, ali onde o outro já espera a sua reação de "bate e pronto". Outras vezes é possível introduzir um terceiro na relação: outra pessoa, um livro, a Wikipédia ou o Google. Outro caminho é evitar comentar a fala do outro, interpretando-a como já sabida, e pedir mais esclarecimentos, detalhando e traduzindo o que foi dito uma vez em novos exemplos e variações. Mas quase sempre vale a pena dizer para si mesmo: *Não é ele que não me escuta, mas sou eu quem não está sabendo dizer isso direito*. Eventualmente estamos presos em um lugar onde o outro não pode escutar.

Perceber-se em uma repetição discursiva é um sinal de que você já não é mais um "escutador amador" e está se profissionalizando. A maior parte das pessoas não consegue fazer isso. Saber o que, por que e quando exatamente se está a repetir dá muito trabalho, mas esse é o tipo de trabalho que é recompensado pela abertura para novos modos de escuta. A graça da arte da escuta é que ela não precisa sempre trabalhar com inícios frescos em que cada tema é abordado pela primeira vez. Em geral, isso termina em uma extensão pequena de conversa que precisa, justamente, reciclar interlocutores em vez de verticalizar temas. Há um antídoto básico e universal para a repetição: o corte. Pequenas variações permitem que o sujeito se escute repetindo. Essa é a melhor maneira de criar certa perturbação incomodativa, que será o motor e a gasolina para a mudança e para aumentar o desejo de dizer melhor, de dizer bem aquilo que só se esboça como pensamento, afeto, imagem ou argumento.

Quando superou a fase da disputa por nocaute sobre quem tem mais razão ou autoridade, quando começou a perceber o circuito reflexo de repetições, no qual as pessoas tendem a apenas dizer mais alto e mais exasperadamente o que já disseram antes, você alcançou a extensão e dignidade do problema da escuta. Quando as pessoas não se escutam mais porque estão possuídas pela certeza sobre quem é o outro e o que ele quer, chegou o momento do que verdadeiramente chamamos de conversa. Isso tem uma estrutura baseada no reconhecimento mútuo de que há algo que não sabemos. Esse momento de paixão da ignorância é fundamental para a chegada das boas perguntas e das respostas provisórias e hipotéticas que elas convocam. O filósofo Ludwig Wittgenstein[46] dizia que quando conseguimos formular bem uma verdadeira pergunta, ela quase se dissolve por si mesma. Ele também reformulou a tarefa da filosofia afirmando que ela, no fundo, é apenas uma espécie de terapêutica da linguagem, um exercício para evitar falsos problemas e tratar verdadeiros problemas por meio de novas formulações.

4. Corte

O quarto e último problema estrutural na situação de escuta é o *corte*, ou seja, decidir quando a conversa acaba, ou o corte parcial, que vai mudando o tema ou forma da conversa encadeando uma coisa na outra. Antes de toda escuta está o silêncio e depois dela o que vem? Outro tempo de silêncio. Claro que quando a coisa não fica muito

---

46. WITTGENSTEIN, Ludwig. *Investigações filosóficas*. Petrópolis: Vozes, 2014.

bem resolvida, ou também quando ela cumpre sua função e nos põe para pensar ou cria uma questão, continuamos conversando mesmo depois que o encontro "em presença" terminou. São os diálogos do insone, as preparações e retomadas entre amantes e negociantes, que ficam como que a ensaiar o que vão dizer "na próxima vez". Receita certa para impedir-se de escutar o outro "pela primeira vez", disposição tão importante para ganhar profundidade na escuta e evitar simplesmente escutar o que já se ouviu tantas vezes, daquele ou de outro como aquele. Alguns chamam essa repetição de fala vazia, de falação ou de "ocupação mútua para esquecer, adiar ou negar as coisas importantes da vida".

O tempo da interrupção ou do corte, como dizem os psicanalistas, é muito importante porque ele decide retrospectivamente o sentido do que foi dito, e também abre para o que ficou por dizer. Há conversas que passam do ponto e nos fazem esquecer o que foi dito de fundamental porque outras coisas e palavras se sucedem, sem que o silêncio tenha feito seu trabalho. Não é à toa que dizemos que as pessoas brigam para ter "a última palavra", como se quem fosse dono dela tivesse ganhado o jogo.

38 | A abominável arte de não escutar os outros

Antes que você continue, um alerta: este capítulo contém cenas fortes e possivelmente revoltantes. Se você tem problemas no coração, sugerimos que vá direto ao capítulo seguinte, onde voltaremos a ser fofos, simpáticos e inteligentes. Nada disso será encontrado aqui. Nas próximas linhas, descreveremos seres abomináveis que habitam este mundo em que vivemos. Seres que não escutam verdadeiramente o outro, que impedem que a empatia aconteça e que agem como uma espécie de polícia permanente contra a escuta. Você poderá ficar chocado ao perceber que muitos deles habitam sua família, seu trabalho, seu círculo de amizades. Mas a pior notícia vem agora: é provável que vários deles habitem você mesmo.

Não diga que não avisamos... com vocês: *Os abomináveis seres desescutadores!*

1. Abominável Clone

Este ser abominável é fácil de ser reconhecido, pois ele sempre inicia as frases dizendo: "Se eu fosse você...". Esta criatura se notabiliza por realmente acreditar que tem a solução que você está procurando. O que ele não entende é que, *se ele fosse você*, ele teria a sua mãe, o seu pai, teria vivido as suas experiências. Ou seja: se ele fosse você, ele faria exatamente as coisas que você já faz e teria as mesmas dúvidas que você já tem.

"Se eu fosse você, mandava ela pastar e arrumava outra namorada."

Repare no custo zero no conselho e inobservância geral de que "ela" é a pessoa mais importante para você naquele momento. Repare como o *Clone* parece corajoso ao dizer algo contundente, mas na verdade ele está recomendando, na maior parte das vezes, a covardia e a evasão. Se seu chefe é inoportuno, arrume outro emprego. Está ruim no Brasil? Mude para a Nova Zelândia.

2. Abominável Meu Pior é Melhor

Ninguém supera esta criatura no quesito "me ferrei". Conte a ele que quebrou o dedo e ele terá fraturado a perna. Seu carro quebrou? O meu capotou dez vezes. Separou do marido? Que sorte... o meu tentou me matar. Diz a lenda que, no fundo, ele tem o desejo altruísta de te mostrar que você não está tão mal assim e com isso levantar seu astral. Mas pode ser que seja só um pessimista mesmo e queira ser o centro das atenções. De uma forma ou de outra, se você precisa que alguém te escute, este não é o *Meu Pior é Melhor*.

3. Abominável Poliana

Este ser simplesmente se recusa a reconhecer que a vida pode ser cheia de buracos sem sentido e de sofrimentos para os quais não há solução prática possível. O sofrimento do outro torna-se assim uma espécie de acidente, que pode ser resolvido com uma pequena mudança de perspectiva. Esta criatura, no fundo, não está te ouvindo porque ela também não está se ouvindo.

"Choveu no dia do passeio? Que ótimo, assim podemos ficar em casa e colocar a conversa em dia."

"Perdeu o emprego? Melhor, outro virá com mais realizações e que justificará como você é especial."

Esta criatura acredita que para que tudo "dê certo" e a "gente seja feliz" basta estarmos juntos e pensarmos as mesmas coisas. Concentrada que está em manter o alto-astral e seu largo sorriso, ela não consegue perceber que suas atitudes apenas encurtam a conversa com quem está sofrendo e querendo partilhar isso em detalhes.

A *Abominável Poliana* tem o seu oposto e equivalente no *Abominável Meu Pior é Melhor,* que sempre está resmungando e enfatizando que a vida é só feita de buracos, imperfeições e que no final nada vai dar certo. No fundo, o pessimista é um preguiçoso que sabe que, como a vida acaba mal, basta apostar no pior que você sempre ganha.

Procurando uma espécie de tendência generalizante, positiva ou negativa, para o sentido das coisas, estes dois Abomináveis estão simplesmente se recusando a enfrentar o fato muito mais difícil de que há coisas que não têm sentido e que a vida é uma combinação incerta e indecidível entre as duas tendências.

4. Abominável... e Eu?

Muitas vezes confundida com o *Abominável Meu Pior é Melhor*, esta criatura, no entanto, costuma aparecer nos momentos em que você está feliz. Só que não se conforma muito com isso.

"Meu! Nessas férias eu fui para a Itália!"

"E eu? Fui para a Itália, Noruega e um terceiro país a sua escolha!"

5. Abominável Homem IBGE

Sempre a par das mais recentes estatísticas, este ser abominável acredita que, para que você fique bem, basta saber que tem alguém pior.

"Oi, estou meio triste... meu filho repetiu de ano."

"Você sabe quantas crianças no Brasil têm a oportunidade de frequentar uma escola?"

Ou:

"Meu... estou tão chateada, bati o carro."

"Você sabia que apenas 6% da população mundial têm carros próprios?"

6. Abominável Incriminadora

Facilmente encontrada, esta criatura é famosa por encerrar as frases com o abominável "bem que eu te avisei". Ela tem a convicção de que pode te ajudar botando você mais para baixo ainda. Parece acreditar que no fundo do poço tem uma mola que vai te jogar para cima e com isso você terá uma súbita tomada de consciência. Mas a única tomada que vem à sua consciência é a da parede mesmo: vontade de tomar um choque de tanta culpa.

"Tô superdeprê... a Neide me deixou..."

"Também... Você arranja cada mulher... bem que eu te avisei..."

7. Abominável Homem Muito Empático

Nos anos 1960, os monstros da TV sempre eram frutos da superexposição a algum material radioativo ou poluição. Já o *Abominável Homem Muito Empático* é uma criatura moderna, surgida recentemente, e dizem ser fruto de excessiva exposição a livros e cursos de comunicação não violenta. O mais provável, no entanto, é que ele tenha, sim, feito algum curso, mas ainda não entendeu direito a coisa.

"Oi! Acabei de comprar essa bicicleta!"

"Você quer falar mais sobre esse lugar de pedalada...?" (com olhar acolhedor)

Este ser também é fácil de ser reconhecido, pois normalmente encerra as conversas com um longo abraço e dizendo: "Gratidão…"

8. A Abominável Mulher Telepata

Esta criatura acredita possuir dons de clarividência e por isso não considera ser necessário te escutar até o fim da frase. Por essa razão, em algumas regiões, ela também é conhecida como *Rouba Pausa*.

"Oi, tudo bem? Acredita que ontem eu…"
"Já sei, foi jantar fora."
"Não, não… ontem eu…"
"Foi dormir cedo, né? Tava cansado…"
"Não! Ontem eu estava querendo falar com você, mas continua difícil."

O pior é quase sempre o que fica da "conversa" para a *Mulher Telepata* não é o que você falou, mas aquilo que ela teria "adivinhado":

"Então tchau, abração. Você fez bem de jantar fora, é bom para se distrair."

9. Abominável Homem das Cavernas

O par perfeito da *Mulher Telepata* é o *Homem das Cavernas*. Por razões ainda não totalmente desvendadas pela ciência, este ser tem o hábito de se retirar para sua caverna sempre que se sente contrariado, seja por uma perturbação qualquer do ambiente, do cotidiano ou do que ele teria esperado para a continuidade da conversa. Recluso em seu mutismo, ele reage mais e mais defensivamente, sempre que tentamos algum contato. Esse comportamento levou alguns estudiosos a chamá-lo também de "*Abomimado*" (abo-mimado) *Homem das Cavernas*. Quando ativa seu modo zumbi, ele tem a capacidade de hibernar com olhos abertos e responder em modo automático, mostrando-se indiferente e ausente em qualquer situação.

"Vamos sair hoje?"
"Claro."
"Acho que prefiro ficar."
"Tudo bem."
"Mas na verdade tínhamos que visitar a Maria no hospital."
"Hum... hum..."
"Mas, afinal, o que você quer fazer?"
"Hum... hum, tudo bem... faz aí..."

10. Abominável Leitor de Caras e Bocas

Enquanto a *Mulher Telepata* "advinha" o que você vai falar, o *Leitor de Caras e Bocas*, "escaneia" e "decifra" seus micromovimentos. A peculiaridade desta criatura é que, enquanto todas as outras escutam de menos, ela escuta demais. Está sempre um tempo à frente de seu interlocutor. O lado mais desagradável deste intrusivo ser é que ele presume, age e reage como se você tivesse sempre o mais perfeito domínio de todos os seus estados de ânimo, modalidades de lembrança e percepção perfeita de si. Muitas vezes estamos tristes ou introspectivos sem um motivo aparente. O bom escutador veria aqui um momento para ajudar o outro a encontrar suas próprias palavras. O *Leitor de Caras e Bocas* não consegue tolerar esse vazio de palavras e sentimentos, descarregando adivinhações que muitas vezes substituem esse momento de solidão por um rádio transmissor mental instalado no cérebro alheio.

Você lavando louça:

"Por que você está com essa cara? Aconteceu alguma coisa..."
"Nada... tô aqui pensando na vida."
"Eu fiz alguma coisa?"
"Não, não... é que..."

"Eu te conheço, quando você mexe o dedo assim ó, é que tem coisa, pode falar. É a louça? É isso? Puxa vida, o que custa lavar a louça?"

"Me deixa em paz! Não tem nada de errado com a louça!"

"Ah, eu sabia que você estava bravo comigo. Agora me diz: que foi que eu te fiz?"

11. Abominável Homem Categorizador

Este ser abominável possui um igualmente abominável "Menu de Categorias". Para ele, as pessoas são apenas tipos humanos que repetem roteiros mais ou menos predefinidos. Segundo o seu menu, uma pessoa sempre é alguma coisa que se enquadra ali e isso torna-se muito mais importante do que o que ela faz ou efetivamente diz. Essa criatura pode ser encontrada nas variantes "preconceituoso" ou "meramente limitado". Em ambos os casos, tudo que alguém diz será traduzido e reduzido ao fato de que aquela pessoa apresenta um traço que a define e coletiviza. O processo inverso também acontece, ou seja, qualquer coisa dita é reduzida à geografia mental que o sujeito está praticando:

"Acho que o país está cada vez pior."
"Você só diz isso porque é esquerdista."
"Mas minhas amigas estão muito preocupadas."
"Mulheres são nervosas assim mesmo."
"Mas os jornais e as pesquisas estão mostrando isso."
"Esta turma está toda comprada."

12. O Abominável *Google-Man*

Você conhece alguém que acha que sabe tudo? De qualquer assunto? De qualquer questão? Cuidado, provavelmente ele é um *self* em expansão permanente. Este ser abominável considera-se o senhor de todas as soluções e de todas as respostas. Orgulha-se de sua memória, de suas viagens e de seus números.

A vida sexual das abelhas norte-africanas? Ele sabe.
A ordem social da Polinésia agrícola em 1932? Ele sabe.
A receita de um trivial bolo de fubá, ok, você até pode saber, mas a receita da vó dele é que é a ver-da-dei-ra receita de bolo de fubá.
Possuidor de tantos saberes e certezas, é claro que ele julga saber também as soluções para todos os seus problemas. Que, aliás, por serem soluções óbvias, não merecem que a gente perca tempo falando disso:

"Brigou com a namorada? Manda flor. Mulher não resiste a um buquê. Mas como eu ia falando mesmo..."

Google-Man possui poderes de tornar o outro "onissilente", ou seja, calá-lo em sua insignificante ignorância. Ele também é famoso por ser um predador com um bote certeiro. Nas raras vezes em que você estiver conseguindo falar, ele estará ali, à espreita, e quando você der uma breve pausa numa vírgula mais acentuada, pronto! Ele dará o bote dizendo "Sei, sei", e mudará de assunto para contar da viagem incrível que fez no fim de semana.
Quando este ser abominável ocupa um lugar de liderança – pai, mãe, gestor, diretora –, aí a coisa complica. Um líder que não escuta cria uma equipe muda: "Falar para quê, se ele já sabe tudo?".
Não é à toa que nos lugares frequentados por este ser sempre exista alguém bufando e pensando: *Ai, meu Deus do Self!*

39 | Maneiras práticas de domesticar o abominável que existe em você

1. **Nunca subestime o outro:** Evite minorar o outro, estabelecendo regras diretivas ou decisões que não são construídas com o outro. Você pode saber mais, ter mais experiência ou estar imbuído da sagrada verdade, mas nada disso vai adiantar muito se só te faz ficar sozinho.
2. **Não se leve tão a sério:** Conversa não precisa ser sempre uma disputa para ver quem tem razão, quem brilha ou sofre mais. Alternar padrões de conversa e funções de linguagem é salutar: passe do antagonismo à colaboração quando a situação exige. Mude a chave. Experimente sair do modo debate (derrotar o outro) para o modo diálogo (compreender o outro).
3. **Leve as palavras a sério:** Esteja presente e implicado no que diz, mesmo que seja uma brincadeira ou uma piada. Jogar conversa fora é apenas mais um jeito de evitar escutar-se e escutar o outro.

Não acredite em sinônimos e em expressões como "foi só uma maneira de dizer". A forma rigorosa e específica como alguém escolhe suas palavras esconde todos os segredos do que é o mais difícil de escutar e que quase sempre está sendo mostrado por quem fala, se não em suas palavras, no tamborilar de seus dedos, na atitude de seu corpo ou na espessura do seu olhar.

4. **Varie posições:** Alterne as funções da linguagem. Nem tudo que o outro te diz precisa ser rebatido com resposta prática para solucionar o problema ou com uma declaração de que você não sabe o que fazer. *Não saber o que fazer* pode ser uma experiência mais interessante do que produzir resultados e resolver demandas.

5. **Crie descontinuidades:** Respire fundo, espere um instante de silêncio ou introduza uma pequena pausa para pensar antes de reagir ao que o outro diz. Não se agarrar apenas às palavras, ao uso de imagens, às lembranças e digressões que nos atravessam o caminho pode mudar uma conversa aparentemente sem saída.

6. **Pratique a dúvida:** Permita-se voltar atrás, mude de opinião, altere a linha argumentativa, encontre novas perspectivas e ângulos para avaliar uma situação. Nada mais interessante do que ver alguém se transformar durante uma conversa. Geralmente isso transforma a gente também.

7. **Faça terapia:** A vida não vem sem sofrimento e miséria. Se isso fosse suficiente para determinar a procura de ajuda, seria simples: psicoterapia para todos. Pedir ajuda é um grande sinal de salubridade psíquica. Indica que você foi capaz de escutar, perceber e autodiagnosticar uma forma de sofrimento. Sugere também que você entende que isso não é apenas uma deficiência moral, uma insuficiência de sua educação ou uma ofensa ao seu sistema de crenças. Antigos filósofos já diziam que era difícil suportar a ideia de ser "libertado pelo outro", tanto porque isso indica passividade e fraqueza, quanto porque seria uma liberdade falsa, obtida por meios que não são próprios. Essa oposição entre resolver-se por si, "aceitando-se como você é", ou pedir ajuda e ficar dependente

nas "mãos do outro" deve ser superada. Como em tudo mais na vida, atravessamos problemas e nos tornamos autônomos com os outros e não sem eles. Talvez a função do psicoterapeuta ou do psicanalista seja parecida com a de um carteiro que pega cartas embaralhadas, as cartas de nosso destino, e ajuda a entregar as que podem ser entregues, reenviar as que estão sem destinatário e cuidar daquelas que ainda não foram escritas.

8. **Tente frequentar gêneros de linguagem que não são predominantemente referenciais, informativos ou descritivos.** Leia poesia, com calma e tempo, sem querer entender tudo de uma vez. Escute música clássica ou instrumental tentando perceber como em uma mesma mensagem há várias vozes (ou instrumentos), há variações de ritmo, há tensão e distensão que nos dão um exemplo do tempo. Tente contar piadas, mesmo que isso não represente uma experiência feliz no começo, encare a coisa como uma disposição de espírito. Assista bons comediantes e aprecie bons contadores de piada, perceba como eles encaixam uma piada na outra. Preste atenção em seus sonhos, eles são exemplos produzidos por você mesmo de um uso da linguagem não narrativo e não orientado para a realização de sentido.

9. **Leia biografias, peças de teatro e filmes ou simplesmente escute amigos e familiares:** Opte por aqueles que narrem, de forma mais extensa e detalhada, as histórias de vida. Perceba como, se colocado sob uma dada perspectiva, que às vezes é difícil de encontrar, são as histórias que nos tornam interessantes ou desinteressantes. Não há, portanto, assuntos, pessoas ou temas que seriam dignos e outros que não valem a pena. Atribuir "interessância"[47] às pessoas ou às coisas é como dizer que você não consegue brincar porque não tem os brinquedos adequados.

---

47. No fundo, a arte da escuta é a arte de encontrar o lugar e o ângulo ou a perspectiva, na qual aquele que te fala se tornará autêntica e legitimamente interessante para você. Os limites da sua escuta são os limites dessa possibilidade de encontrar esse lugar para cada qual.

Lembre-se, crianças brincam virtualmente com qualquer coisa: um resto de barbante, uma pedra jogada, um monte de folhas. Se você não consegue, é porque desaprendeu.

10. **Invente personagens e relações imaginárias:** Por exemplo, tenho uma brincadeira que faço com minha esposa, quando encontramos alguém na rua que se parece com um conhecido nosso, logo eu pergunto: "O que tal pessoa está fazendo aqui?". Ao que ela responde ficcionalmente: "Deve estar sendo enviada pelo departamento X ou Y para te perseguir". Ao que eu respondo inventando uma história que a provoque no sentido contrário. Diálogos imaginários podem ser criados a partir da casa onde as pessoas moram, ou de encontros imprevisíveis que se dão na realidade, mas que podem ser "estendidos" em versões possíveis do que poderia ter acontecido.

11. **Faça um curso de comunicação não violenta para baixar a radioatividade de suas palavras:** Faça *coaching* para ver como seu abominável atrapalha sua carreira. Insista nos cursos de teatro e oratória para regular sua relação entre o personagem e o diretor de si mesmo e para descobrir-se ator e autor de sua própria vida. Não desista do *mindfulness* ou de outras tantas formas de meditação ou de ioga para escuta do silêncio. Volte para aquele curso de dança e escute seu corpo. Faça um curso de astronomia para escutar a música dos planetas e outro de jardinagem para entender por que o tempo não é o seu tempo. Mantenha-se no *workshop* de escrita criativa, literatura e roteiro, para aprender que a linguagem tem mais recursos do que você pensa.

12. **Pelo amor de Deus, faça qualquer coisa.**

40 | Escutando classes, gêneros, raças e outras diversidades

Escutar é reconhecer e reconhecer é instrumento fundamental de transformação, subjetiva e política. Mas o que significa, de fato, reconhecer? Há tantas formas de dizer que algo é importante, relevante ou admirável sem que isso realmente altere muita coisa na relação que mantemos com o outro, com o mundo e com nós mesmos. Por isso o modelo de escuta que existe para palhaços e psicanalistas é um modelo muito pragmático e simples: se o público ri, ou se emociona, deu certo, se não, deu errado. Mas pode não ser bem assim. Se o paciente altera seu discurso, deu certo, se ele continua no mesmo lugar, apesar de tecer elogios e louvores a você, deu errado. Psicanalistas não são colecionadores de troféus, assim como os palhaços não são meros contadores de risadas em busca de riso fácil. É preciso ter muita escuta e experiência para detectar se a resposta é ouro ou ouro dos tolos. Você obedece a seu chefe, mas por dentro acha que ele está errado. Você aplaude aquela peça de teatro, mas no íntimo sabe que não gostou ou não entendeu nada do que se passou. Você diz que seu amigo é ótimo e tem talentos e aptidões incríveis, mas no fundo você não acha bem isso. Você responde que vai dar tudo certo para aquela amiga que te liga, porque ela está desesperadamente pedindo para ouvir isso, mas não é o que você realmente pensa. Muitas plateias vão ao teatro tão determinadas a rir que darão gargalhadas mesmo se o teto cair ou alguém enfartar na terceira fileira. Boa parte do tempo sentimos e praticamos atos de falso reconhecimento.

Não são exatamente mentiras, mas manipulações do circuito da escuta envolvendo o meio simbólico pelo qual ela se efetua, o ato real que a realiza e a posição imaginária como somos reconhecidos. Quanto mais estamos expostos a tais acomodações, mais nos sentimos incertos quanto à nossa identidade e ao nosso valor. Isso nos faz demandar ainda mais reconhecimento, nos expondo cada vez mais à confirmação ilusiva do que queremos ouvir, e ao ódio pela falsidade do que o outro nos diz.

Mas existe outro lado dessa crise estrutural de reconhecimento. São as situações nas quais reconhecer significa excluir, rebaixar, diminuir ou invisibilizar. Nesses casos existe uma espécie de bloqueio primário da escuta e consequentemente da experiência de reconhecimento. Nessas situações o outro conta mais pela sua identidade de grupo do que por sua singularidade. Como se as pessoas que achamos "gente como a gente" fossem mais diferentes entre si, ao passo que os outros, que não são "como nós" são todos mais ou menos iguais entre eles. Esse efeito é devastador porque pode acumular identidades que excluímos de nossas expectativas de representação e de reconhecimento.

A teoria da interseccionalidade, os diferentes feminismos, a teoria *Queer*, os estudos de gênero e as novas teorias críticas têm mostrado como a opressão social é cumulativa e como nossas representações sociais estão excessivamente impregnadas da projeção de que o "ser humano" é, no fundo, alguém branco, homem, heterossexual, cis-gênero e de classe média ou alta. É com essa entidade, que não é neuro divergente, nem surdo nem cego, nem sofre de dificuldades cognitivas ou motoras, nem tem doenças crônicas incapacitantes, nem é indígena, nem mora na periferia, nem sofre com sua estrangeiridade, nem é egresso do sistema penal, nem é dependente químico, nem é vítima de violência doméstica ou de Estado, nem está desempregado ou sofre de algum transtorno mental. Esperamos que uma enumeração exaustiva como essa tenha servido para exemplificar como nossa escuta "básica" apoia-se em uma expectativa de igualdade entre as pessoas que não corresponde à realidade social real. Mas se tivéssemos expandido nossa enumeração, perceberíamos que a única regra de universalidade aqui parece ser a de que todos nós fazemos parte de um grupo de exceção. Inadequados, "inaceitos", inadmissíveis, tortos, esquisitos. Somos todos palhaços e bufões. Ainda assim, alguns são mais exceções do que outros. A dissolução dessas identidades de exceção é uma tarefa política de maior magnitude, mas enquanto isso não acontece, tais diferenças precisam ser reconhecidas e a escuta é o instrumento fundamental pelo qual esse reconhecimento pode evoluir do nível cotidiano para o nível comunitário e daí para o institucional e jurídico. Reconhecer tais diferenças não é só um problema moral, que alivia o sofrimento imediato daqueles que estão excluídos, mas parte de um trajeto de transformação social, que precisa progredir mais rapidamente.

Portanto, um desafio maior e imediato para nosso tempo é como escutar, realmente, o outro quando ele aparece no contexto da diferença de classe, de gênero ou de raça? A primeira regra aqui é evitar regras, pois se soubéssemos exatamente como fazer isso, a situação não seria esta, na qual nos encontramos, de segregação e desigualdade social. Mais do que em outras circunstâncias aqui se mostra fundamental a prática da escuta como renúncia à gramática de reconhecimento, ou seja, a língua moral que cada um de nós pratica e espontaneamente atribui aos outros que são "como nós". Mais do que nunca, aqui a escuta deve contar com a possibilidade de desapossamento de si e dobrar-se a recolher não só o que o outro diz, mas a forma como o outro quer e precisa ser reconhecido. Quanto mais o traço de classe, gênero ou raça aparece como um conjunto de antecipações que formamos sobre o outro, logo de convicções e suposições, menos somos efetivamente capazes de escutar aquele que está diante de nós, com seu sofrimento singular, com sua história única, que é também expressão de um coletivo. Mas essa expressão ou representação deve emergir a partir do outro e não ser pré-codificada a partir da gramática de reconhecimento estabelecida por quem escuta.

Dois discursos se cruzam desafiando aquele que se dispõe a escutar a segregação social. Primeiro há o discurso antropológico da diversidade. Nesse caso, as pessoas são reconhecidas em função de sua excepcionalidade em relação à uniformidade. Aqui podemos reconhecer alguém diferente como exótico, incomum e atraente porque confirma ou porque enriquece minha própria diversidade. O segundo discurso lê a excepcionalidade como diferença sociológica. Nesse caso, ela representa o oposto de igualdade diante da lei, ela representa uma distribuição não equitativa do capital econômico, social e cultural que mantém a diferença como hierarquia social. Frequentemente o enaltecimento da diversidade, que existe entre os seres humanos, está a serviço da manutenção da naturalização das diferenças de oportunidades, de equidade salarial e de direitos.

A escuta atravessada por identidades de alta valência política torna-se assim mais complexa porque ela envolve e explicita dois níveis de reconhecimento, que estão sempre presentes, mas que nesses casos se tornam incontornáveis, ou seja, o nível em que escutamos aquele um que fala e o nível em que negociamos a gramática geral de reconhecimento que queremos expandir e sancionar para o conjunto de nossas relações. Ou seja, não se trata apenas deste um pelo qual podemos nutrir apreço e gratidão, familiaridade ou simpatia, mas de participar de sua demanda de generalização de outra gramática de reconhecimento, que possa acolher mais e maiores exceções.

Em função dessa condição, colocar-se no lugar do outro, ver o mundo segundo sua perspectiva, pode ser confundido com apropriar-se de sua fala e de suas reinvindicações, de sua cultura ou de seu modo de expressão, espoliando-o inclusive de seus recursos de resistência e reinvindicação. Colocar-se no lugar do outro, hospitaleiramente, neste caso, é deixar-se ensinar pelo outro, deixar-se conduzir pelo outro, sem que isso signifique obediência e submissão. Deixar-se afetar pelo corpo do outro, nesses casos, é experimentar seu sofrimento como "seu" sofrimento, e não como piedade, culpa ou compaixão projetada desde nossa posição de supostamente médico no hospital. Retornar nossa loucura misturada com a do outro significará, nesses casos, o reconhecimento de que há estados informulados de sofrimento aos quais nossos nomes não cabem com justeza. Por fim, nos prestarmos a ser hospedeiros dessa diferença é também uma tarefa de engajamento coletivo em uma transformação real porque nosso reconhecimento terá sido, então, real.

41 | A escuta em ambiente digital

Nós que não nascemos depois de 1995 somos seres meramente adaptados, não somos verdadeiros nativos digitais. Sabemos muito bem usar um programa de computador, jogar videogame e mandar e-mails, mas nossa subjetividade não se formou nesta nova forma de linguagem que estamos chamando aqui de ambiente digital. Dois traços são marcantes neste ambiente: a relação entre texto e imagem se alterou substancialmente e a mistura entre aspectos da linguagem falada e escrita dão origem a um novo código de comunicação. Os memes e as gírias de internet são exemplos respectivos desses dois aspectos.

Estamos marcando essa diferença geracional e tecnológica porque desconhecer as características do ambiente digital é o primeiro passo para deixar degradar sua capacidade de escuta. Sendo mais claro: quando você está trocando mensagens de WhatsApp com alguém, você não está falando com este alguém. Não, não é a mesma coisa que uma conversa face a face, mas um ambiente que potencializa os efeitos imaginários do monólogo interior: como você não vê seu "interlocutor", você acaba implantando um espelho de seus próprios afetos e reações para "dar corpo ao outro". Não, isso não é o mesmo que um telefone porque no telefone você escuta o tom de voz, a altura, as pausas e o ritmo da troca de turno. Mesmo quando vemos o outro em uma tela de Skype, é muito importante lembrar que o outro assumiu um tamanho reduzido de tela, com brilhos e contrastes inexistentes na relação *in natura*. Há partes do corpo que se tornam opacas ao nosso olhar. Há uma privação de aspectos sensoriais como o cheiro, o tato, sem falar na intrusão causada por uma queda ou perturbação da conexão.

Algumas ilusões espontâneas que o ambiente digital favorece:

1. Sentimento de que sua presença ou manifestação é muito importante. Qualquer "clique" ou "curtida" tem algum valor, logo, você é alguém que a "rede" reconhece e ambiciona incorporar, ou seja, que os outros estão muito interessados em você. Por mais que você se ache irrelevante, ignóbil ou inadaptado, o ambiente digital promete e entrega uma comunidade onde esse sentimento pode ser acolhido e tratado. A comunidade dos nerds, dos enjeitados, dos excluídos, onde podemos exercer nossa liberdade de ser diferentes entre iguais, cria assim uma espécie de alternativa ao mundo real, cada vez mais institucionalizado, vertical, burocrático e desigual.
2. Portanto, não se manifestar, dar um *unfollow* ou fechar-se a todo aquele que te causa embaraço, constrangimento ou desagravo é uma atitude natural de represália e feroz reação de defesa. Logo, se você decide sair daquela rede social, muitas pessoas ficarão sedentas pelo seu retorno, afinal você é muito importante. Uma alternativa paralela, e profundamente antiética, no sentido da ética da escuta, é recorrer a um perfil falso, um *nickname* ou um avatar. A ideia é ótima quando se trata de dizer coisas que regimes políticos e disciplinas discursivas impedem de ser ditas, como no personagem *Anonymous*, nas práticas de resistência do ativismo *hacker*, presentes nos diversos movimentos *Occupy* que atravessaram o mundo nos anos 2012 a 2016. No entanto, essa estratégia foi subsequentemente colonizada por muitos que empregam nomes falsos e robôs simplesmente para agredir os

outros e criar "massas digitais", sem enfrentar as consequências de suas próprias palavras.
3. Essa sobre-estimação de si, associada com uma inconsequência da palavra, é correlata da redução do tamanho do mundo. Isso produz a perigosa ilusão de que aquilo que eu não reconheço não tem direito à existência, ou seja, que assim como eu controlo o tamanho de meu mundo, nós (extensão coletiva de "eu") controlamos "do que" e "de quem" o mundo é feito e "quem" está ou "que" deveria estar fora dele. Isso explica o fortalecimento da lógica da segregação e do preconceito, moral, religioso e cognitivo nas primeiras gerações expostas ao ambiente digital.
4. A redução do tamanho do mundo e o aumento do volume do eu nos torna hipersensíveis a contrariedades e expostos a uma oscilação entre a existência gloriosa e a insignificância absoluta. Essa oscilação é potencializada pelo fato de que em ambiente digital estamos expostos à "função palco", ou seja, um grupo de "n" pessoas que está observando, percebendo ou lendo, aplaudindo ou vaiando as mensagens que postamos nas redes sociais. Com isso, confundimos duas coisas muito diferentes: o *palco*, onde falamos com os outros, tendo uma plateia como posição terceira, e o *mundo*, onde falamos com o outro, em situação pública ou privada. O grande déficit criado por essa confusão entre o mundo e o palco não é apenas a exposição de aspectos da vida privada, como o que você comeu ou quantos quilos perdeu, em cena pública, ou, inversamente, o uso de gostos e opiniões privadas, como alavanca política no espaço público. O grande déficit criado pelo ambiente digital não é a confusão entre público e privado, mas o déficit de intimidade e seu efeito devastador de solidão.
5. A escuta é o meio privilegiado pelo qual construímos experiências de intimidade. Intimidade não acontece quando gostamos das mesmas coisas, consumimos os mesmos objetos ou temos os mesmos traços de personalidade. Como vimos, isso causa *simpatia*, não *empatia*. Intimidade acontece quando compartilhamos dúvidas, incertezas,

crises e diferenças. Intimidade é uma experiência produtiva de indeterminação. Frequentemente encontramos casais platônicos que se "conversam" por meses em ambiente digital, certos de que são feitos um para o outro. Quando estão definidos que estão a casar e já pensam no nome dos filhos, algo irrompe devastadoramente: a realidade. E a realidade se mostra, devastadoramente, quando percebemos que estávamos, cada qual, falando sozinho, com nossa fantasia, e o outro servindo de emulação e suporte para esse engodo, achando que isso é amar o outro "de verdade".

A escuta em ambiente digital deve ser uma escuta prevenida sobre essas ilusões e deformações. Falar não é escrever, ler não é ouvir e ouvir não é escutar. Nunca sabemos em quais condições a mensagem foi redigida e em quais ela será interpretada. Alguém pode escrever dirigindo ou cozinhando, nervoso ou em efusão com a vida, sorrateiramente, durante uma reunião de trabalho ou uma aula chata. Isso afeta sobremaneira o humor de quem escreve, certo? Mas isso não é lido pelo destinatário, que, por sua vez, pode receber a mensagem sentado no trono do seu banheiro, junto com as contas do mês ou ouvindo aquela música insuportável do vizinho pela décima vez. Agora combine a possibilidade de alteração de humor ao longo do dia, com ou sem TPM (e acredite, há uma versão masculina da dita cuja). Calcule a probabilidade de *match* entre o seu momento romântico sensível especial, quando você manda aquela mensagem tipo "ursinhos carinhosos" e a recepção "ostrogoda" de alguém que recebe sua mensagem enquanto está tomando uma bronca do chefe ou preso no trânsito infinito, possuído pelo "coração gelado".

Certo, ninguém precisa responder uma mensagem imediatamente quando a recebe. Ocorre que aqui entramos no principal fator para a construção de uma escuta digital: o tempo. Em condições normais de pressão e temperatura, você perceberia que seu interlocutor está em uma fria, aplicando um desvio padrão no teor e na forma da resposta. Aqui entra outro complicador. Se você não responder "na hora" ou "quão na hora você responder" torna-se uma mensagem ela mesma. Uma mensagem que decide o nível de envolvimento que você tem na conversa, logo, no outro. Portanto, não responder, torna-se assim mesmo uma resposta, e uma resposta de recusa ou menos-valia para o outro.

É por isso que rapidamente se estabeleceu um código de exagero nas mensagens por internet. Ou seja, abra a mensagem dizendo, explícita e pirotecnicamente, que você está interessado no outro, que está tudo bem e que você só quer uma resposta. Evite ambiguidade. Seja informativo e evite a prolixidade. Seja organizado. Sim, você está vendo ressurgir aqui as regras conversacionais de Grice, que discutimos anteriormente, e que são uma espécie de antimodelo da escuta lúdica e empática e da escuta quatro agás. Isso ocorre com um agravante. O ambiente digital promove a expectativa de que você está acessível e disponível o tempo todo, que você está respondente o tempo todo. Ou seja, o ambiente digital leva a uma aceleração da expectativa de resposta, que tem consequências terríveis quando é levada para o mundo.

Para escutar os outros em ambiente digital evite, portanto, a aceleração da resposta. Evite interpretar a não resposta como recusa. Evite identificar o que o outro realmente pensa e quer com o que ele diz no anonimato e no palco digital. Clínicos experientes têm recomendado sumariamente: nunca tome uma decisão importante tão só por um diálogo digital, do tipo começar ou terminar uma relação, sair ou entrar em um emprego, decidir uma viagem ou uma mudança importante na sua vida. Em um diálogo digital é muito mais difícil de saber o nível de "seriedade" do que está sendo dito. Ele nos abre para um nível de inconsequência com a palavra que não tem correlato no mundo real.

Aplique a tudo que é dito em ambiente digital uma espécie de efeito de deflação narcísica. Imagine que ao vivo o tom não seria esse, a valentia não seria essa, a força de enunciação não estaria parasitada por um "nós" imaginário e seu palco de fantasia que transforma declarações íntimas em discurso de Estado. Essa deflação narcísica envolve reduzir permanentemente o nível de conclusividade e de confiabilidade do que é dito digitalmente. Checar estados de ânimo, alterar perspectivas, de longe e de perto, e não se deixar tomar por convicções reativas são desafios para toda e qualquer pessoa que quer interagir em redes sociais.

Em grupo, qualquer um de nós se torna mais valente e inconsequente. Em grupo, dizemos coisas e agimos de modo que jamais faríamos se estivéssemos sozinhos. Muito do que fazemos em uma balada ou em uma festa, que nos leva à ressaca moral no dia seguinte, não tem a ver com substâncias psicoativas desinibidoras, mas com a função desinibidora da massa. Agora imagine que no ambiente digital qualquer um pode, a qualquer momento, entrar em "estado de massa". Neste você não está mais falando com seu namorado, com seu grande amigo de infância ou com sua querida mãe. Em estado de massa, o outro se torna um "outro tipo", ele não vale mais por sua singularidade, mas pela classe na qual ele se inclui: branco ou preto, mulher ou homem, palmeirense ou corinthiano, esquerda ou direita. Pessoas tipo não são escutáveis, pois o tipo se constrói e se define por um discurso no qual "já sabemos o que aquela classe de pessoa diz ou pensa". Quando temos muita gente participando da conversa, e esse é um dos aspectos democráticos e salutares do ambiente digital, fica mais difícil gerir e reconhecer diferenças, daí nossa tentação espontânea a criar classes ou grupos que facilitam nossos juízos de aproximação e a regulação automática da distância. Esse "já" é traço da antecipação e da aceleração que o bom escutador saberá ler e evitar na conversa. Nunca, jamais, em tempo algum apresse conclusões quanto ao seu interlocutor, se você quiser realmente escutá-lo.

Nesse ponto, você dirá que são muitas as conversas e uma das coisas boas que o ambiente digital trouxe é a possibilidade de escutar muitos ao mesmo tempo. Não caia nessa ilusão. Nossa capacidade de escuta é limitada e o que se ganha de um lado se perde do outro.

42 | Escutando chatos, fascistas e outros fanáticos

Wittgenstein dizia que "os limites de minha linguagem são os limites de meu mundo".[48] Ele também afirmava que o humor é uma visão de mundo. Todo escutador deve ter se deparado com situações-limites, obstáculos incontornáveis e pessoas que definitivamente não querem ser escutadas. Elas querem ser obedecidas, respeitadas, admiradas ou então querem continuar a falar sozinhas, e por um descaminho da vida, dividem a vida, ainda que por um breve encontro, com você. Para o psicanalista e para o palhaço esses são os pacientes difíceis e os auditórios insuportáveis. Parecem ter decidido que você quer agradá-los e que eles não vão concordar com isso, seja lá o que você faça ou tente fazer. A graça da conversa, para esse tipo de pessoa, é o corte, dar uma resposta que te "esnoba" ou que insiste em colocar uma legenda fática: "Não preciso de você" embaixo de qualquer coisa que você diga ou faça. Estamos falando dos preconceituosos, turrões, convencidos que atravessaram a história de todos os que temem entrevistas, apresentações e outras situações de conversa "necessária". O entrevistador sádico é

---

48. WITTGENSTEIN, Ludwig (1951) *Investigações Filosóficas*. Trad. José Carlos Bruni, in: Os Pensadores, São Paulo, Abril: 1975.

um personagem de nossos sonhos, seja na véspera de decidir aquele sonhado emprego, seja no dia antes de chamar alguém para sair, seja na hora de dizer aquela palavra difícil.

Aqui, a escuta lúdica é muito importante, mas nunca presuma que o outro quer brincar. Há muita gente que se compraz em levar a bola para casa, discutir regras em vez de jogar e desmanchar o prazer alheio como forma de satisfação narcísica. A escuta torna-se particularmente difícil quando estamos diante de temas como religião, política ou valores morais. Nesses casos, colocar o assunto em pauta e iniciar a jornada da escuta significa suspender as certezas que temos sobre quem somos, de onde viemos e para onde vamos. Para muitas pessoas, particularmente em situações de vulnerabilidade, isso é impossível. Nesse caso, em vez de viajar, a conversa se tornará uma defesa de castelos (às vezes vazios).

Entretanto esses também são os casos em que mais se aprende sobre escutar os outros. São os casos nos quais os limites do seu mundo, e não apenas do outro, são testados.

Comece imaginando que sempre se é o irracional de alguém. Ou seja, sempre haverá alguém que o considerará louco, ignorante, incapaz de discutir e desqualificado em relação ao nível e ao consenso em que aquela pessoa vive. Considere que, para muitas pessoas, a conversa se reduz a saber *quem você é*, não *o que você faz*, o que *você gosta* ou o que *vocês podem fazer juntos*. Há pessoas para quem a empatia é apenas um embuste, usada para parecerem mais simpáticas, obtendo assim alguma vantagem. Ou seja, a empatia é uma qualidade dos fracos, que precisam de outras pessoas e não são autossuficientes. Considere que para essas pessoas você é simplesmente alguém que está a mais no mundo, atrapalhando o glorioso destino que o outro já estabeleceu para si. Para isso é preciso despir-se de si, considerar que aquela pessoa de fato nunca vai começar a conversa falando com você, ela pensa e transfere os próprios preconceitos ou estereótipos que tem com relação a alguém que é "como você". É por isso que a arte da escuta começa por ser capaz de desnudar-se, mas também por abrir mão de si, despossuir-se.

Só assim você poderá deixar-se ser colocado em um lugar imaginário onde seu interlocutor adora colocar os outros. Entenda que ele não consegue fazer diferente.

É muito importante localizar o lugar em que você é colocado. Pense no preceito bíblico "conhece teus inimigos". Ele não vale para você confirmar os outros que não são iguais a você, mas para saber como eles pensam, o que eles pensam de "gente como você". Isso é muito importante para seguir a pista número 1, ou seja, acolher com hospitalidade o ogro que você tem pela frente. Logo, não confundir hospitalidade com ingenuidade.

A reação que esse funcionamento desperta nem é sempre de desagrado. Mas atenção: nunca responda a esta primeira impressão. Tente "livrar-se da marcação", "fazer-se de" ou, simplesmente, rir da situação ridícula que o outro está criando.

Quando isso é subjetivamente possível, o que nem sempre é o caso, podemos pensar no segundo movimento que é: responder de outro lugar que não aquele no qual você foi colocado. Para isso será importante não apenas se despir de quem você é, mas também suspender, ainda que por algum tempo, seus próprios interesses. A atitude diagnóstica ajuda muito nessa situação. Ou seja, em vez de enfrentar o problema, responder às provocações ou aos brados de conflito, examinar o caso como se estivéssemos diante de uma doença. Nenhum médico receita nada antes de muitas perguntas. Ganhar tempo não é só adiar o enfrentamento, mas estudar esse personagem fantasma que o outro está fazendo sobre você. Se for possível, ofereça alguma confiança ou alguns traços de pertinência. Gente preconceituosa está sempre atrás de outro preconceituoso para confirmar a sua crença. Esse é um ótimo exercício para descobrir o canalha que existe dentro de você mesmo. (Ele sempre está aí em algum lugar, se você não o conhece, você não se conhece).

Se você ainda não perdeu a paciência e desistiu do jogo até aqui, é a hora de testar adversidades. Experimente algumas frases como "Você tem toda razão, mas...", ou então "Já passei por algo assim, e neste caso...". O tempo será um fator decisivo a partir daqui. Nunca tente fazer seu ponto logo na segunda volta. É preciso deixar que a simpatia inicial se torne uma espécie de jogo cognitivo, no qual a situação hipotética está em primeiro plano. A criação dessa espécie de cena paralela, ou de metáfora da situação, é muito importante para evitar o que todo preconceituoso quer, que é a realização e confirmação de sua própria maneira de ver o mundo.

Nesse caso, sua capacidade de ir e voltar entre o plano lúdico e o plano de seriedade, ou entre a gramática cooperativa e a competitiva será testada ao limite. Nunca tente de saída usar bons argumentos, dados e evidências, mesmo que o outro esteja flertando com isso. Se você ainda estiver em pé a essa altura da conversa, será possível começar a entender para qual ponto de vulnerabilidade aquele exagero de convicção está contribuindo. Posto isso, invista sobre o alvo mais importante. É a experiência repetida de demissões e fracassos no trabalho, ou o sentimento persistente de que sua origem humilde o torna inferior, ou a sua insegurança sexual ou relacional? O hospício de uma loucura muito diferente da sua é sempre o pior hospício.

Por isso, aproximar-se de alguém que não quer compartilhar nada com você não precisa começar por qualquer atitude bondosa de auxílio, solidariedade ou ajuda. Pelo contrário, brinque de bancar o escravo do mestre. Peça que ele dê mais explicações e crie mais argumentos, como se ele fosse o professor e você o aluno. Nunca tente estabelecer as regras do jogo e depois convidar a pessoa para "dançar", porque o que define um chato, dogmático ou fanático é que no mundo dele só ele faz as regras. Nunca tente estabelecer uma conversa "razoável" com aquele que está apenas interessado em criar efeitos de convencimento, de exibição ou de pirotecnia narcísica. Este é o exercício básico: suportar e achar interessantes conversas cuja estrutura não é o diálogo colaborativo com vista ao fim colaborativo comum.

Só depois disso, faça o lance decisivo: *responda de outro lugar que não aquele em que você foi colocado*. Esta surpresa só pode ser realizada uma vez a cada oportunidade. Lembre-se, nessa situação, o mais importante é continuar vivo e brincando. Se você submergir ao espelho que o outro propõe, estarão rapidamente gritando cada qual consigo mesmo ou rolando na lama das vaidades e dos ódios.

Considere em detalhe a situação de escuta. Uma conversa a dois é totalmente diferente de uma conversa diante de um "público". Entenda que muitas vezes seu verdadeiro interlocutor não é seu "oponente", mas os que acreditam ou estão sendo oprimidos por ele. O inverso também deve ser detectado. A pessoa está realmente falando com você ou te usando para se exibir aos amigos, que acha que pensam como ela? Observe cuidadosamente a reação do auditório. Não ignore os pequenos sinais de assentimento, e, portanto, de aliança, que podem advir de pessoas que também acham o tal sujeito de "difícil trato". Alianças, ainda que tácitas ou silenciosas, com outros que estão sendo sistematicamente achacados, podem ser um ponto crucial, para gradualmente deslocar, gradual, mas intencionadamente, a conversa para uma posição terceira, deflacionando o poder do interlocutor.

Tenha uma coisa em mente só para você. Isso tudo é um exercício para ampliar o tamanho do seu mundo e não uma manobra para salvar almas alheias ou trazer pessoas para o Lado Bom da Força. A vida como ela é, e o mundo como ele é incluem fanáticos, chatos e calhordas. Se você quer seu condomínio exclusivo e customizado *sem eles,* você está no fundo praticando o mesmo fechamento do qual *eles* obviamente padecem. Para isso, é preciso ser capaz de levar o jogo da escuta mais a sério do que levar você e seus valores a sério.

Responder de um lugar diferente daquele no qual você foi colocado pode significar:

1. Criticar ícones representativos da sua própria posição.
2. Mostrar-se em dúvida ou incerto quanto a determinados juízos óbvios.
3. Deslocar o protagonismo da conversa para uma posição terceira, nem a sua, nem a de seu interlocutor.
4. Mudar o rumo da conversa sistematicamente até que não fique mais claro ou determinado o que "você quer dizer ou provar".

5. Incluir terceiros e quartos na conversa, como que a chamar testemunhas ou instabilizar as relações de forças.
6. Diga o que você está dizendo, a cada vez, de uma maneira totalmente diferente, variando exemplos, argumentos e fatos, o máximo que conseguir. Quando perceber que está repetindo palavras, elevando a voz ou insistindo em um mesmo ponto, interrompa a conversa.
7. Saiba parar quando está perdendo. Este velho e difícil conselho aos jogadores compulsivos não significa sair de campo quando o outro fez o melhor argumento e você declara-se derrotado. Entenda que este jogo é você contra você mesmo. Toda vez que você perde a paciência, desiste de responder, bate boca ou apenas luta para encaixar mais um golpe, você perdeu. A tentação de jogar o jogo da escuta é a de enfrentar os adversários mais inexpugnáveis e mesmo assim não perder para si mesmo, ou então reconhecer claramente a hora que perdeu e está apenas deixando a raiva tomar conta do cavalo louco.

Apesar de todos os seus esforços, nunca faça uma medida muito imediata dos resultados. Nunca espere uma declaração óbvia e ostensiva do tipo: "Estou convencido, você tem razão". Muitas pessoas que parecem totalmente insensíveis ao que você diz, comportando-se como uma porta fechada sem maçaneta, podem estar justamente dispostas a pensar no que você disse em particular. Os melhores argumentos são aqueles que agem na solidão do travesseiro.

Arthur Schopenhauer escreveu um livro sobre como vencer um debate sem ter razão:[49] exagerando os exemplos, traduzindo deslealmente o que o outro diz, passando do ocasional ao necessário, partindo de premissas falsas ou não explicitadas, mudando a pergunta ou perguntando desordenadamente, deixando o outro com raiva, dando pistas

---

49. SCHOPENHAUER, Arthur. *Como vencer um debate sem precisar ter razão*. São Paulo: Topbooks, 2010.

falsas, manipulando as definições, forçando escolhas desnecessárias, declarando-se vitorioso, argumentando a partir de quem o outro é (não pelo que ele diz, pensa ou faz), interrompendo a conversa, citando autoridades, ironizando, rotulando ou julgando o outro, usando palavras ou referências difíceis para expor a ignorância alheia, invertendo a causa pela consequência ou ofendendo pessoalmente o outro. Tais estratégias são recursos de quem está mais interessado em ter razão do que brincar, instruir-se ou transformar uma determinada situação. É muito difícil renunciar a ter razão, especialmente quando isso trará sentimentos de diminuição de si, vergonha ou desamor, mas, nesse caso, lembre-se de que a última coisa em que um palhaço ou um psicanalista estão interessados é em ter razão. Quando isso acontece, cada qual deve considerar uma reanálise ou um curso extra de palhaço. Ter razão é antes de tudo ter, possuir, ser proprietário de algo e vimos desde o início deste livro que a escuta começa pela renúncia ao poder e à possessão, de si e do outro.

Diante da alternativa entre ter razão ou ser feliz, eles já fizeram sua escolha.

43 | O líder escutador

De um dia para o outro, mudaram-se os tratamentos. O cara foi embora na terça-feira como funcionário e voltou na quarta como colaborador. Pelo menos no crachá. Mas para que ele seja colaborador, na prática mesmo, tem que mudar muita coisa. Eu nunca achei que 6 fosse igual a meia dúzia. Seis era seis. Meia dúzia, não. Meia dúzia era um 6 com mais orgulho. Era metade da dúzia. E deixava transparecer o desejo secreto de um dia ser a dúzia inteira. Para mim, meia dúzia era um "seis" com mais aspirações.

Sinto que o mesmo acontece agora nas empresas. A troca de nomes só terá sentido se compreendida – e vivida – como uma troca real de significados, pois o que se deseja, alterados os nomes, é que se alterem também as posturas, as atitudes, e o jeito de se ver e viver as coisas. É fundamental que as empresas façam esse exercício. Reflitam sobre significados e significantes e abram um amplo e sincero debate sobre o que se deseja com os novos tratamentos. Caso contrário, não estarão trocando seis por meia dúzia, mas seis por seis mesmo. Ninguém vira colaborador por decreto ou passe de mágica. Colaborar é ato voluntário, tem a ver com identificação, com pertencimento, vontade de fazer coisas juntos. E, sejamos sinceros, quem tem vontade de fazer coisa junto se não for escutado? Para que a mudança de tratamento comece a deixar de ser uma ficção e possa se tornar realidade, é preciso mais do que nunca dar voz aos funcionários-colaboradores: o que acham disso? O que esperam que mude na relação com seus empregadores? Se ele agora é colaborador da empresa, a empresa também passa a ser colaboradora dele? O que isso implica?

É preciso que se abra um genuíno espaço de escuta dessas inquietações, pois aí sim o efeito pode ser transformador: quem se sente escutado, se sente relevante, pertencente, importante, se sente incluído. Ou seja: *colaboração não se conquista com um memorando, colaboração se conquista escutando.*

Este talvez seja o mais significativo aprendizado em minha trajetória de quem, como palhaço, sempre atuou na relação direta e verdadeira com as pessoas. Para que o público se sinta coautor daquele momento e com isso colabore voluntariamente, eu preciso escutá-lo com todos meus poros. Seja este público composto por três pessoas, numa intervenção de rua, seja uma plateia de quinhentas pessoas num auditório. Não basta, portanto, propor uma brincadeira e aceitar que eles reproduzam o que foi pedido. Quero que a plateia realmente se aproprie do jogo porque, aí sim, a atividade será potente, vibrante e transformadora. (Não é esse também o desafio de todo líder corporativo, fazer com que sua equipe se aproprie dos objetivos, projetos e vibre junto?)

Para o palhaço, o desafio para se conseguir essa reação engajada e coletiva da plateia é grande, acredite. Nem preciso descrever aqui o quanto algumas pessoas (talvez até mesmo você, leitor) têm aversão a palhaços. Costumam nos associar a grosseria, exposição e maus-tratos. Como conquistar uma plateia que tem entre ela pessoas tão intimidadas?

Lição 1

Para conquistar quinhentas pessoas você tem que começar conquistando uma pessoa. O bom trato com ela (escuta e gentileza) é que vai se espalhar animicamente para a pessoa do lado, e do lado, até que a notícia chegue em todos: ele não é aquele palhaço do qual a gente tem medo.

Lição 2

O trabalho verdadeiramente colaborativo (e por isso engajado), requer a construção de dois pilares fundamentais, são eles: coragem e desejo. Parece nome de música do falecido cantor Wando, aquele que cantava, "você é luz, é raio, estrela e luar". O resto você já deve estar cantarolando sozinho: "meu iaiá, meu ioiôôô!". Como é melhor não lutar contra as evidências, resolvi assumir Pilares de Wando como nome oficial da dupla de colunas. Pois bem, a ausência de qualquer um dos Pilares de Wando enfraquece o projeto coletivo. Lembro-me de quando fui ao tobogã pela primeira vez. Eu tinha uns 6 anos e queria porque queria descer lá de cima. Subi com minha mãe, mas chegando lá, olhei para baixo e travei. Empaquei que nem mula. Carrego essa lembrança como um grande aprendizado. Eu tinha o desejo de descer, e ele era fortíssimo, mas não tinha a coragem para fazer aquilo, mesmo que de mãos dadas com a minha mãe.

A prática, reflexão e, principalmente, as trocas com equipes corporativas ao longo de mais de vinte anos me autorizam a afirmar que os Pilares de Wando também são o que sustenta relações e projetos corporativos.

No pilar da coragem reside a confiança, e no pilar do desejo, a sensação de pertencimento.

Convenhamos que ninguém é mais *pop star* numa reunião de *briefing* do que esses dois fundamentos. Tipo cunhados em fim de semana: sempre aparecem. O poeta Paulo Leminski escreveu que "no fundo, no fundo, bem lá no fundo, a gente gostaria de ver nossos problemas resolvidos por decreto".[50] Seria fácil demais se confiança e pertencimento se construíssem assim, num estralar de dedos. E aqui voltamos

---

50. LEMINSKI, Paulo. *Toda poesia*. São Paulo: Companhia das Letras, 2013.

aos antigos funcionários, novos colaboradores. A construção da coragem e do desejo – confiança e pertencimento – e a consequente conquista da colaboração do funcionário, deve ser fruto, não do decreto sonhado por Leminski, mas de pequenas, contínuas e diárias ações e gestos. Coletei nos últimos vinte anos com toda sorte de colaboradores (ou funcionários?), lideranças e o querido pessoal do RH, respostas a duas perguntas: O que é determinante para a construção da confiança? E para nos sentirmos pertencentes?

No início da conversa, as respostas costumavam se encaminhar para o abstrato: "Para termos confiança, é preciso termos respeito". Ok, muito importante mesmo. Respeito é bom e eu gosto, diz o ditado. Mas o que é respeito? Quais gestos traduzem respeito no dia a dia? Porque se a gente não aterrissar, fica muito bonito, mas não significa nada. Equivale a dizer que para o casamento dar certo tem que ter amor. Legal, então faça alguma coisa, me manda um bilhete, me ajuda a lavar louça, põe o lixo lá fora!

Esse contínuo exercício de ajudar o pessoal a concretizar o abstrato me ensinou várias coisas. Cito aqui duas delas. Primeira: como é difícil atribuir gestos e ações para o essencial, porém impalpável. Quando a gente verbaliza esses gestos, eles ficam parecendo tão pequenos, tão sem graça, tão desimportantes. Dizer "precisamos ter respeito" é mais legal e bonito do que falar, por exemplo, "precisamos dizer bom dia". Quando a gente bota esses gestos no *flipchart*, nos dá aquela sensação de "ah, isso a gente já sabia". O problema é que saber é uma coisa, lembrar é outra e fazer então... outra coisa ainda. A rotina acelerada do dia a dia corporativo é mestra em nos fazer passar por cima dessas miudezas. Mas é justamente nelas que moram a beleza e a importância da coisa: "É o gesto pequeno que faz o respeito ser grande".

Segundo aprendizado: eu estava trabalhando escuta com um grupo de pós-vendas de uma grande empresa coreana do ramo de eletrônicos e, no final, o VP da área trouxe uma imagem para resumir as suas conclusões do treinamento. Ele disse: "Para chegar ao cliente, o bom trato tem que vir de cima como uma cachoeira". A imagem desse quase *haikai* nos faz entender que o bom trato, traduzido no gesto diário, tem que ser praticado pelas lideranças da empresa e dela se espalhar pelo todo.

Alguns dias depois, eu contei essa história do *haikai* para um grupo de exportadores de grãos do interior de São Paulo. E um dos diretores do grupo me presenteou com outra imagem: "O que acontece quando a água da cachoeira alcança o lago, lá embaixo?", ele perguntou já respondendo: "Faz subir borbulhas lá do fundo, como um champanhe. Essas borbulhas são o orgulho de pertencer, a confiança, a união, a gratidão, o comprometimento, a produtividade".

Essas duas histórias reunidas me contam uma terceira: ao falarmos da construção dos dois Pilares de Wando – coragem e desejo –, estamos nos referindo ao fomento de uma cultura de bom trato, de gentileza e de escuta. A construção dessa cultura passa fundamentalmente pela quebra de um paradigma: passarmos do líder interessante para o líder interessado.[51]

---

51. Escutei da minha amiga Carol Nalon, Instituto Tiê. Disponível em: <institutotie.com.br>. Acesso em: 29/04/2019.

44 | A coragem e o desejo de escutar

Podemos elencar alguns valores e práticas que se associam aos gestos com os quais construímos situações de escuta favorecedoras da coragem e da abertura para o dizer:

1. **Trabalhar a autoestima do time:** Elogiar pequenas ações, apontar pontos positivos. Criticar no privado, reconhecer em público. Tratar todo mundo com a mesma atenção, celebrar até as pequenas conquistas. Abrir-se para acolher críticas e dar expressão às insatisfações de seus subordinados.
2. **Respeito no dia a dia:** Dizer um bom dia, olhar no olho, perguntar da família, interessar-se pelos estados de humor e de ânimo dos outros e reconhecer e respeitar os seus próprios. Não ser grosseiro, não levantar voz para criticar.
3. **Gentileza gera gentileza:** Pequenos gestos como oferecer café, pegar água, perguntar se precisa de ajuda em alguma atividade.
4. **Dar autonomia:** Delegar funções, compreender que o erro faz parte, dar *feedbacks* sem alteração de humor.

5. **Coerência:** Praticar o que se diz, aplicar a mesma regra para todos, cumprir acordos buscando imparcialidade de tratamento.
6. **Transparência:** Não falar por trás, deixar claro (verbalizar) o que se espera, o que não se espera, deixar claros os limites.
7. **Valorizar as pessoas:** Escutar a equipe levando em consideração cada indivíduo.

Nos treinamentos de escuta que tenho desenvolvido com lideranças corporativas sempre digo algo que soa como uma piada: grupos coesos, unidos, entusiasmados, focados e com alto desempenho, todos eles têm uma coisa em comum: um palhaço na liderança. Passadas as risadas, eu pergunto: "Mas será que é só uma piada mesmo?". Projeto então o meu tradicional *slide* com os atributos de escuta de um bom palhaço e proponho uma comparação com qualidades de um bom líder corporativo:

1. **Marginalidade:** Como vimos no início deste livro, *a marginalidade é uma condição muito favorável à escuta*. Alguém de fora sempre consegue ter uma percepção mais ampla e parcimoniosa sobre o todo. Bons líderes são aqueles que têm a habilidade de se entranhar no grupo e ainda assim conseguir estranhá-lo. Esses líderes conseguem aliar a escuta marginal do palhaço com a escuta implicada, do psicanalista, e com isso, ter uma visão sistêmica, clara e imparcial do todo.
2. **Vulnerabilidade:** Nada pior para um grupo do que um líder que tem todas as respostas, que não admite quando erra, que não pede ajuda nem sugestões. Bons líderes, assim como bons palhaços, sabem que *vulnerabilidade é um estado de potência que favorece a conexão* e abre o grupo para uma escuta cooperativa e empática, apoiada nos quatro "agás". Lideranças fortes, positivas e escutadoras sabem, ainda que inconscientemente, porque o sapato do palhaço é grande.
3. **Escuta quatro "agás":** Líderes escutadores são responsáveis por criar encubadoras de bons projetos, de ideias, de sonhos. São

por isso, não apenas gestores, mas também gestantes. Fazem a gestão e gestação de ambientes em que as pessoas sejam convocadas a incentivar a serem melhores, mais autênticas, felizes e, consequentemente, mais engajadas, criativas e produtivas.

Pedro Salomão[52] diz que falar em felicidade no ambiente de trabalho não é papo de bicho grilo, uma frase de efeito ou um conceito vazio de autoajuda. "Felicidade é estratégia", diz ele. Bons empresários e líderes escutadores sabem disso. As colheitas realizadas sobre a construção da sensação de pertencimento, como construção de desejo compartilhado, frequentemente apontam para um ruído na comunicação e a necessidade dos colaboradores de se sentirem mais escutados. Aqui estão alguns enunciados que denunciam a necessidade de aumento dos espaços e das experiências de escuta:

1. Poder contribuir com ideias.
2. Ter liberdade de expressar sentimentos.
3. Saber melhor o que está acontecendo no dia a dia da empresa.
4. Receber treinamentos que acrescentem na vida profissional.
5. Receber treinamentos que os façam crescer como pessoas.
6. Ter reconhecimento financeiro.
7. Ter autonomia para tocar projetos e ter reconhecimento sobre isso.

Uma pesquisa realizada em 2015 pela comunidade de carreira Glassdoor corrobora minha colheita informal dos últimos vinte anos. A análise levou em consideração 3.365 opiniões de usuários do portal, para descobrir quais seriam as reivindicações mais comuns dos colaboradores aos principais líderes de diversas companhias. Desse universo, apensas 368 apontaram o salário em primeiro lugar. "Os funcionários têm a sensação de que estão no comando de seus projetos, mas sentem

---

[52]. SALOMÃO, Pedro. *Empreendendo felicidade*: uma nova abordagem sobre negócios, vida e valores. São Paulo: 5W, 2010.

que não estão sendo valorizados pelos gestores. Com isso, a falta de reconhecimento gera insatisfação com os líderes", avalia Luciana Caletti, CEO da Glassdoor.[53]

---

53. SALÁRIO BR. *Reconhecimento é mais valorizado que salário pelos profissionais*. Disponível em: <https://www.salariobr.com/Artigos/Reconhecimento-e-mais-valorizado-que-salario-pelos-profissionais/5738>. Acesso em: 02/05/19.

45 | Teoria da escuta

Estabeleci para mim, já há algum tempo, duas condições para tomar alguém em análise e assentir que aquele paciente se tornou um analisante, dando por iniciada a análise. A primeira delas é que possamos ficar em silêncio. Um silêncio que não seja vazio nem ocupado; que não seja falta de assunto nem corrosão de angústia. Um silêncio que jamais me fará pensar *o que eu digo agora?* – premido pelo sentimento de que preciso dizer alguma coisa. Por isso, o manejo do tempo e do silêncio, que discutimos neste livro é tão importante.

A segunda condição é que aquele candidato a análise resista ao meu tipo peculiar de humor e ironia. Ele não precisa se inclinar ao gracejo, mas apenas sinalizar que não ficará ofendido se eu não o levo demasiadamente a sério e se não me levo demasiadamente a sério naquele espaço. *Se podemos brincar, podemos analisar.* Assim como a frase já discutida neste livro: *se a gente brinca junto, a gente fica amigo.*

Aprender a arte da interpretação psicanalítica envolve três habilidades que o palhaço tem por vocação: o humor com as palavras, o cômico com os gestos e a graça com o espírito. Foi desses três elementos que tiramos a ideia de escuta lúdica desenvolvida neste livro. Não é que toda intervenção, que é basicamente um retorno do que se escuta, tenha que ser feita de forma engraçada ou espirituosa. Há intervenções que exigem um tom grave e uma forma séria, outras que só podem ser feitas sob o tom da cumplicidade ou do sussurro, quase que sopradas ao ouvido do analisante.

Ocorre que a estrutura da interpretação é homóloga à estrutura do chiste e esta é análoga ao que chamamos aqui de escuta lúdica. Aquele que se especializa na posição da escuta deve falar pouco, ou pelo menos espera-se que fale menos do que aquele que fala. Por isso, suas intervenções devem ter por objetivo abrir a fala do sujeito, permitindo que o discurso prossiga ganhando em qualidade e potência transformativa.

Notemos que tais características é o que se espera de uma boa piada: que ela seja breve, traga alguma surpresa, crie um efeito de intimidade ou de aproximação entre quem conta e quem escuta, bem como trabalhe com deformações e peculiaridades calculadas da linguagem. A piada é uma coisa pragmática, se riu, ela aconteceu, se não riu, era um projeto de piada, uma intenção de piada. Assim também é como na palhaçaria, ela depende em tudo dos efeitos que cria.

No entanto, a piada é uma elaboração posterior de uma atividade muito mais extensa e primária do que a brincadeira. A piada é uma espécie de brincadeira que sobreviveu ao lento recalque de certas disposições que temos quando criança:

1. A atitude de curiosidade diante do outro e do mundo.
2. A propensão a se espantar e a admirar o mundo.
3. A inclinação a explorar usos e sentidos não óbvios das coisas e dos outros.
4. A facilidade para ligar-se aos outros e ensinar nossa forma de brincar.

Notou como essas disposições retomam a nossa teoria dos quatro "agás"? Não é uma coincidência. Como nosso assunto é a escuta, podemos privilegiar a estrutura da piada, mas no fundo ela é apenas uma atividade que condensa e sintetiza no adulto uma de suas formas de brincar. Por isso, dizemos que psicanalistas e palhaços têm a escuta lúdica em comum.

Um dos manuais mais simples, escrito por Freud, sobre a arte de escutar é *Chistes e sua relação com o inconsciente*.[54] Nesse livro, Freud tenta estudar e classificar todas as formas de piadas, anedotas e gracejos verbais que podem existir, bem como descrever as suas diferentes técnicas de composição. O chiste, ou seja, o "dito espirituoso" ou a piada conforme se queira traduzir a expressão alemã *Witz* é sempre um processo social, que depende eminentemente da sua "paróquia" para obter os resultados pragmáticos que o definem enquanto tal, ou seja, o efeito de prazer, satisfação ou gozo que ele causa na plateia. Todos sentimos que é muito mais fácil contar uma piada quando se está entre amigos, por isso esquecemos que as piadas são também a forma como fazemos amigos. Será que é a paróquia ou o picadeiro que faz a piada ser contagiosa ou é a piada, ou a palhaçada, que cria o sentimento de que temos algo em comum?

O palhaço, assim como o psicanalista, é um mestre na criação da intimidade entre estranhos.

Ao contrário de sonhos e lapsos, piadas envelhecem. E uma piada velha é o signo de que você não pertence mais ao seu próprio tempo. Muitas das interpretações propostas por Freud, em 1910, a seus pacientes seriam sofríveis para os pacientes de hoje. Outras tantas micaretas lacanianas tornaram-se gastas e inatuais, como a gola rolê e o charuto torcido que Lacan gostava de usar em 1960.

Essa eficácia temporal do humor tem a ver com a própria afinidade entre a palhaçada e o tempo no qual ela se dá. Há piadas que entram na moda, outras que saem, outras que voltam à moda, geralmente com pequenas adaptações. As brincadeiras infantis são bem menos flutuantes, muitas delas tão simples como o *peekaboo*

---

54. FREUD, Sigmund. *O chiste e sua relação com o inconsciente*. Obras Completas (vol. 7). São Paulo: Companhia das Letras, 2017.

(esconder e reaparecer), o esconde-esconde, o andar na linha, as brincadeiras intermediárias de "como se", aquelas como as de ficar tonto no gira-gira são imemoriais. Os tipos de brincadeira e as funções de linguagem são os elementos que usamos para variar a escuta, como numa dança, num trajeto de sedução amoroso ou em uma situação crítica como uma reunião de trabalho.

Se o chiste é o malabarismo das palavras, o palhaço acrescenta a isso seu próprio corpo. Um processo social que passa de boca em boca sem origem, posse ou propriedade. Nós, os leigos, temos cada qual um repertório maior ou menor de piadas, uma abertura maior ou menor ao palhaço, geralmente repassamos alguma nova quando ela nos chega, dando um pouco a mais de vida para quem nos cerca. Muitos confundem a palhaçada com a gracinha que adoramos ver nossas crianças praticarem.

Geralmente, isso acontece em um sistema de trocas espontâneo que se forma quando alguém conta uma piada que funciona, criando um laço de afinidade entre os envolvidos. O humorista profissional é como o ginecologista, que trabalha onde os outros se divertem. Uma espécie de vampiro que, incapaz de gozar duas vezes com a mesma piada, simplesmente a repetindo mentalmente para si, passa a piada adiante e obtém um "fragmento de gozo" (*Genusstück*) ao se identificar com o riso de seu interlocutor, até a escala de massa.

Toda a arte da interpretação em psicanálise assemelha-se à arte do chiste, e ainda que este se diferencie do cômico e do humor, guarda com aquela uma relação íntima. O chiste é um processo muito mais temporal do que o sonho ou o lapso e o ato falho, tanto que exige um tempo peculiar de realização que se situa entre a decisão soberana de contar um sonho e o caráter radicalmente não antecipável de um ato falho. Ou seja, posso escolher contar um sonho no início ou no fim da sessão; posso modalizar o momento em que o conto esclarecendo os personagens e detalhes que nele tomarão figura e presença; posso, inclusive, escolher não contar o sonho que tive. Algo exatamente contrário ocorre com o lapso. Ele nos flagra e nos revela sem aviso, nele não há decisão senão do inconsciente, ele cria seu próprio tempo e sua própria acontecência.

Palhaços são o protótipo do que pode ser a arte para o psicanalista. Sendo assim, só posso concordar com a ideia de que o humor é "uma performance artística". Nem sempre isso vem de uma aptidão e de um treinamento especializado, mas, se de fato podemos notar um traço comum entre os grandes palhaços, é essa capacidade de se aproximar vivamente das coisas grandes e pequenas da vida, com uma mistura de intensa afetação e largo distanciamento. Às vezes, isso vem da observação crítica sobre o mundo, da melancolia produtiva, de um ceticismo espontâneo, que pude encontrar, nos poucos casos de humoristas profissionais que pude atender.

Tenho que concordar com a tese de que a análise tem mais ligação com tornar vidas mais interessantes do que tornar pessoas mais felizes. A felicidade permite voltarmos à distinção entre o chiste, o cômico e o humor. O chiste é um trabalho de linguagem verbal, ele convida a uma compressão e síntese das ideias em uma fórmula concisa e reveladora, como no caso de uma piada, ou de um *Witz* (dito espirituoso, máxima, ditado popular ou provérbio). O cômico é um gênero narrativo. Ele decorre de um humor que vai sendo construído a partir de certos personagens. Uma das fórmulas mais conhecidas do cômico é a disputa baseada em um mal-entendido. No cômico rimos do personagem que escorrega na casca de banana, rimos da miséria e da tolice do outro porque ela revela nossa própria tolice, que fica assim projetada no semelhante, e por isso nos sentimos aliviados.

O humor é uma modalidade de compartilhamento de sentimentos, emoções e afetos que condiciona nosso sistema de aspirações e expectativas. O humor envolve certa gramática da temporalidade, seja ela o tempo lento do depressivo, o tempo acelerado do maníaco, o tempo instantâneo da angústia ou do suspense expectante ou, inversamente, do tédio da repetição indefinida.

Não é só o infortúnio da graça do personagem engraçado que contam aqui, mas tudo o que diz respeito à voz, ao tempo de decepção e surpresa causado no interlocutor, que faz um tratamento imaginário do simbólico. Finalmente, o humor, como foi tematizado mais ao final da obra de Freud, é o melhor antídoto contra o *supereu*, essa fonte e origem da voz punitiva e da instância de observação vigilante da qual falamos anteriormente.

Quero crer que um bom palhaço, ou que pelo menos um palhaço versátil, assim como um psicanalista, deve ter recursos para o chiste, para o cômico e para o humor. Diria que o entrelaçamento dos três é o que se quer designar por essa noção vaga de *timing*. Sim, o tempo no humor e na psicanálise requer uma técnica, um *timing* da relação com o público, que, por sua vez, depende das expectativas que o outro tem em relação ao ator específico. "A piada de mesa de bar não funciona no teatro porque é uma questão de *timing*", assim como uma piada perfeita para um analisante pode levar a efeitos trágicos em outro. Não posso mais que repetir aqui a tese lacaniana de que o manejo da transferência em análise é o manejo do tempo, incluindo-se, mas não se reduzindo, ao corte de interrupção da sessão.

Assim, como o palhaço precisa ler seu público a cada sessão, o psicanalista tem pela frente um pequeno diagnóstico da "situação". Ora, é em algo análogo que nossos colegas insistem quando ressaltam a importância do público, da tendência de recepção, das circunstâncias imediatas, para além do previsto e roteirizado. É preciso, a cada vez, perceber qual é a moeda neurótica em circulação naquela sessão. E "tentar descobrir o que é o meu humor naquela linguagem".

No livro dos chistes há um fator ao qual Freud talvez não deu muita importância: o risco. Contar uma piada é um atentado contra o seu narcisismo. Isso pode terminar mal. Em geral, os piores e mais inaptos palhaços são os que não conseguem arriscar com atos, palavras e pensamentos. O risco da queda no vazio é nosso grande companheiro inseparável da boa clínica e do bom picadeiro. Quando nos sentimos seguros demais, geralmente é porque deixamos nossa enunciação se fechar, como nesta ótima crítica feita ao comediante: ele colocou um ponto-final e julgou, isso resolveu sua indignação.

O palhaço, assim como o psicanalista, não deveria sentenciar o outro, pois, entre outras coisas, isso daria um destino corretivo para sua indignação, que é uma das formas do espanto. Uma forma que trabalhamos para deixar em aberto. Assim também o analista trabalha com sua indignação, como mistura de curiosidade e espanto, para escutar seus analisantes.

Quando berramos, murmuramos ou sopramos palavras e gestos, delicada ou brutalmente, na orelha dos outros, ele devia saber que nós não "falamos alto no teatro [analítico] por causa da velhinha da última fila", mas porque, assim como os comediantes, não devemos deixar ninguém dormir. Assim como os palhaços e psicanalistas, sempre ouvimos pela primeira vez, ainda que o outro se repita.

A participação do corpo, a presença do humor comum e a compaixão ficam pouco representadas quando olhamos para a separação mais tradicional entre a *empatia* e a *simpatia*.

Portanto, quando dizemos que há uma afinidade baseada em identificações, só podemos concluir que disso decorre simpatia, mas, afinal, é a simpatia dos grupos e gostos entre si, das identidades e das orientações, políticas, éticas e estéticas que têm nos levado a um estado de obscurantismo. A proximidade por identificação produz conflitos por oposição simples, cuja solução é a eliminação do ponto de vista do outro. Nada mais natural do que evocar a empatia nesse contexto. Ela seria o antídoto natural contra a intolerância, a perseguição de estrangeiros, imigrantes e todos os que estariam "em excesso no mundo", e cuja eliminação tornaria tudo mais fácil.

Ao contrário da simpatia, que acontece de forma espontânea, a empatia costuma exigir empenho, trabalho e dedicação. Dependendo do caso, boas doses de suor, paciência, coragem para conhecer bem de perto o mais íntimo das experiências de dor e sofrimento. Tanto trabalho só se justifica caso se tenha algo anterior e essencial, que é o desejo genuíno de escutar o outro. E isso não significa ter o desejo de vir a concordar com ele.

Percebemos assim que a empatia se forma na relação de despojamento de si, hospitalidade ao outro, reconhecimento da divisão e do conflito do outro na relação conosco e com o destino, criação ou invenção que a empatia torna possível. A simpatia e a tolerância pelo outro, a capacidade de nos colocarmos no seu lugar, ou de nos refletirmos nele como um espelho são condições necessárias, mas insuficientes para caracterizar a experiência da empatia. A empatia não é apenas um circuito amoroso ou de mútua compreensão, ela é uma forma de fazer coisas juntos, uma maneira de compartilhar a ação, não apenas os sentimentos.

A empatia não é apenas reconciliação, mas conflito produtivo e trabalho criativo com a diferença. Entre a humanidade e a inumanidade, em cada um de nós, escuta empática que envolve a perda de nossas aparências, o reconhecimento de nossas incoerências e a partilha de nossas contradições.

Aqueles que querem uma empatia barata, feita de gostos que eu quero pagar, que deixam nossas crianças a salvo do sexo e da brutalidade, são aqueles que querem criar cordeiros sem conflitos. Cordeiros para os quais a empatia será impossível.

A escuta empática, na relação com o outro e a escuta lúdica, na relação com os fins são as duas teses que apresentamos neste livro. Elas foram apresentadas a partir de casos e de técnicas que podem favorecer seu uso, mas nunca deveriam ser seguidas como uma obediência que perderia a condição fundamental dessas duas abordagens da escuta: a autenticidade.

46 | Você hospedeiro

Ao longo de toda a experiência de escrevermos este livro pudemos exercitar vários dos conceitos aqui expostos. Foi uma baita prova de (termos pelo menos alguma) coerência entre o que estávamos escrevendo e a nossa prática de escuta ao escrevermos juntos. Claro que várias vezes divergimos. Somos diferentes. Para que você, leitor, tenha uma ideia, o palhaço é corinthiano roxo. O psicanalista? Palmeirense doente! Quer conflito mais difícil que esse para superar? Não ia ser uma divergenciazinha ou outra sobre escuta que ia nos abalar.

Ao longo do percurso nós trocamos umas boas dezenas de versões de cada capítulo. Corta, recorta e cola. Faz e refaz. Não sei como não interrompemos o tráfego internético tamanha a quantidade de e-mails trocados.

Durante todo o processo fomos hospitaleiros com as ideias, com as visões de mundo e com as interferências (incontáveis) que fazíamos no texto um do outro. Fomos hospitalares ao cuidarmos mutuamente de nossas angústias no meio do caminho, mas, sobretudo, a etapa que mais vivemos nessa jornada foi o hospício. Partilhamos um com o outro as nossas histórias, nossos sucessos e fracassos, nossa boniteza e nossa feiura. Nossas visões tortas do mundo. Nossa loucura. E de partilha em partilha, aqui estamos. Chegamos até aqui juntos, firmes, fortes e mais amigos ainda. Só não peça para o palhaço torcer para o palmeiras ou para o psicanalista entrar para o bando de loucos.

A próxima etapa é com você, leitor ou leitora. Você é quem será hospedeiro de tudo que leu. É na transmissão da sua experiência, tenha sido ela boa ou não, que nosso livro continua. Agora não mais apenas do palhaço e do psicanalista. Mas de todos que nos tenham escutado.

Agradecimento do palhaço

À Chris, minha mulher, porque é sempre uma inspiração escutá-la e muito deste livro deve-se ao tanto e tanto e tanto que a gente conversa.

À Luiza, minha filha, que me ajudou a escrever e reescrever alguns capítulos e deixou este pai mais do que orgulhoso do seu olhar certeiro, amoroso e inteligente.

Ao Álvaro Lages, à Paula Petrella, e à Carolina Videira, que talvez nem imaginam o quanto foi inspirador aquele papo sobre escuta, inclusão, afetos e bolhas.

A todas as pessoas que cito aqui e acolá no livro, pois sou verdadeiramente feito por esses encontros.

Ao pessoal da escola Carandá Vivavida, e a todos e todas da Escola dos Pais, que juntaram estes dois autores.

E principalmente ao parceirão Christian Dunker, baita cara, que resumo em três Gs: gentil, generoso e genial.

Agradecimento do psicanalista

À Cris, que permitiu, aguentou e tornou possível mais este encontro.

A Mathias e Nathalia, porque quando um pai envelhece ou ele se torna mais palhaço, ou ele se torna mais chato.

Ao pessoal da Planeta, Felipe, Carol e Letícia, além de Cassiano, que apostaram nesta palhaçada desde o começo.

Ao pessoal da clínica do cuidado, de Belo Monte, especialmente Eliane e Ilana, por me ensinarem que é preciso menos e mais seriedade para escutar pessoas em seus mundos e contramundos.

Ao Buli, Marco e Helena, que colocaram o *Falando Nisso* de pé, e que com isso começaram a me empurrar de volta para o universo lúdico e musical.

Aos pais, alunos e professores do Carandá Vivavida que nos juntaram e que durante esses anos nos fizeram entender mais a função da escuta em comunidade.

A todos aqueles que têm trabalhado por colocar a psicanálise para além de seus muros e de oferecer sua escuta para o sofrimento no espaço público.

Posfácio

Fazem mais piruetas esses dois autores do que supõe nossa vã filosofia. Primeiro é a academia que desce ao picadeiro. Lacan diz que o analista tem que suportar ser o rebotalho, ainda que faça semblante de saber, advertido de que cairá de seu lugar de sabe-tudo no momento oportuno. Enquanto isso, ele faz malabares até que o analisante alcance o momento de concluir, fim de espetáculo. Christian Dunker é o professor que não se furta a bancar esses dois lugares fundamentais como psicanalista: de semblante e de rebotalho. É surpreendente sua capacidade de transitar de livre-docente à docência livre. Cláudio Thebas, por sua vez, tira o palhaço do picadeiro para lembrar que a palhaçada é bem anterior à cena circense. Desde a primeira tropicada da qual o homem foi capaz de rir de si mesmo e do outro, o palhaço comparece. Aliás, com a confecção deste texto, o psicanalista acrescenta algo à linha do tempo de seu premiadíssimo livro *Estrutura e Constituição da Clínica Psicanalítica: uma arqueologia das práticas de cura, terapia e tratamento* (Annablume, 2011), pois, segundo Thebas, antes do xamã, certamente veio o palhaço! Outra pirueta e veremos que o próprio livro dá provas da capacidade de escuta que os autores preconizam. Compartilhando discursos diferentes, que ora se cruzam, ora se distanciam, ambos dão seu recado enquanto se arriscam fora de seus trapézios habituais. Mais uma cambalhota e a escuta aparece em dois planos fundamentais: o do público e o do privado. Da psicanálise que se faz dentro do inusitado dispositivo analítico ao espaço de escuta na esfera pública. Cláudio falará da escuta no laço social, da comunicação de qualidade, que aproxima, que promove a empatia, que acolhe. Escuta da paz, do desarmamento. Christian falará da escuta dentro do especialíssimo laço analítico, que visa a paz consigo mesmo, a aceitação do estranho em nós mesmos, pré-condição para lidar com a alteridade no campo social. Políticas complementares e mais necessárias do que nunca. Ambos entram na jaula das feras-conceitos – tão difíceis como transferência, recalque, enquadre, resistência, inconsciente, interpretação, teoria da comunicação, linguagem – para transmitir seu recado. Dando cinco "Agás" no leitor, os autores ensinam que os termos Hospital, Hospitalidade, Hospício, Hospedeiro e Hospedagem podem nos dar belos *insights* na arte de escutar/escutar-se. Cláudio, cujo sobrenome já alude ao mito de Édipo, não poderia ser mais psicanalítico em sua leitura do outro e de si mesmo. Christian, youtuber nas horas livres (?), não cansa de tirar coelhos da cartola para nosso deleite, exercitando uma transmissão iconoclasta bem ao gosto de Lacan. Aliás, o charuto amassado, o tom teatral, o humor corrosivo e o gosto pelo *nonsense* surrealista dão o tom da transmissão do psicanalista francês. *O palhaço e o psicanalista* trata de um encontro adorável, cheio de sacadas e bom humor, aula dentro da aula. Verdadeira petição de princípio de que a psicanálise precisa se dirigir ao respeitável público se quiser continuar. E de que aprender a escutar é a única possibilidade de a trupe humana seguir existindo.

Vera Iaconelli
Psicanalista, Colunista da *Folha de S.Paulo*,
Doutora em Psicologia pela USP, Diretora do Instituto Gerar

Leia também

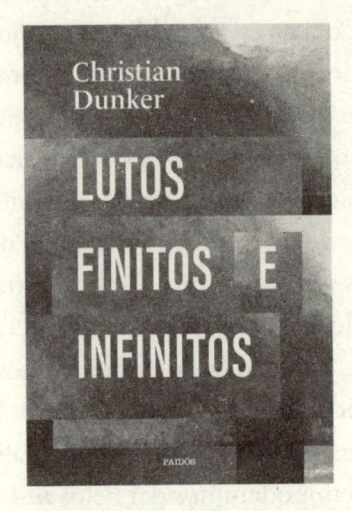

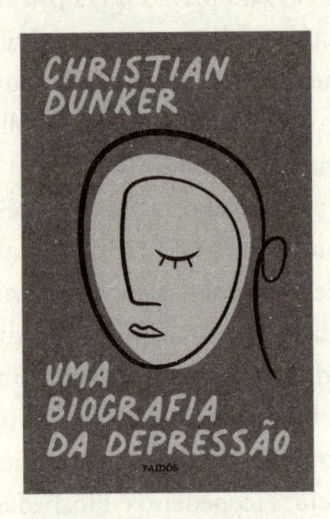

Acreditamos nos livros

Este livro foi composto em Adobe Garamond Pro e impresso pela Lis Gráfica para a Editora Planeta do Brasil em outubro de 2024.